AF603533

A. FERRET 1878

FACULTÉ DE DROIT DE PARIS.

THÈSE

POUR

LE DOCTORAT

SOUTENUE

par

André-Jean-Achille VARIN,

AVOCAT.

PARIS

CHARLES DE MOURGUES FRÈRES, SUCCESSEURS DE VINCHON,

Imprimeurs-Éditeurs de la Faculté de Droit de Paris,

RUE JEAN-JACQUES-ROUSSEAU, 8.

1861.

ALLAIN. SC

FACULTÉ DE DROIT DE PARIS.

THÈSE

POUR LE DOCTORAT.

DES RESTRICTIONS MISES PAR LE DROIT ROMAIN

ET LE CODE NAPOLÉON

EN FAVEUR DES HÉRITIERS DU SANG, A LA FACULTÉ
DE DISPOSER PAR DONATIONS OU PAR TESTAMENT.

L'acte public sera soutenu le vendredi 9 août 1861,
à deux heures,

Par ANDRÉ-JEAN-ACHILLE VARIN,
AVOCAT A LA COUR IMPÉRIALE.

Président, M. **BUGNET**, Professeur.

Suffragants : MM. **PELLAT**, Doyen, **VUATRIN**, Professeurs. **BUFNOIR**, **VERNET**, Agrégés.

Le Candidat répondra, en outre, aux questions qui lui seront faites sur les autres matières de l'enseignement.

PARIS,
CHARLES DE MOURGUES FRÈRES, SUCCESSEURS DE VINCHON,
IMPRIMEURS-ÉDITEURS DE LA FACULTÉ DE DROIT DE PARIS,
Rue J.-J. Rousseau, 8.

1861.

A MON PÈRE, A MA MÈRE.

A MA GRAND'MÈRE.

A MON FRÈRE.

DROIT ROMAIN.

Dans les premiers temps de Rome, un citoyen ne pouvait faire son testament que dans l'assemblée des comices, qui se tenaient à cet effet deux fois par an (*calatis comitiis*), ou bien devant l'armée prête à marcher au combat (*in procinctu*). Il fallait une autorisation spéciale du pouvoir qui faisait la loi, chaque fois qu'il s'agissait de changer l'ordre légal de la transmission des biens. Mais ce système avait ses vices : il devait paraître bien dur aux Romains, qu'on nous représente toujours comme tenant à honneur de régler eux-mêmes le sort de leur succession. En admettant qu'à l'époque primitive qui nous occupe ce besoin ne fût pas encore aussi énergique qu'il le devint plus tard, il est impossible de ne pas croire qu'il existât déjà, au moins en germe.

Les moyens de tester offerts aux citoyens romains ne pouvaient donc leur suffire : en effet, les comices ne se réunissant que deux fois par an, il était matériellement impossible à beaucoup de personnes de faire leur testament. Aussi, un troisième moyen de tester s'introduisit; c'était une fraude faite à la loi. De son vivant, le citoyen romain vendait ses biens pour le temps où il ne serait plus: le testament *calatis comitiis* et le testament *in procinctu* tombèrent en désuétude ; le testament auquel on donna le nom de testament *per æs et libram* resta seul employé. Il subit lui-même une transformation, en ce sens que l'achat de l'hérédité ne fut plus qu'une fiction; l'acheteur ne fut plus le successeur du vendeur, mais un intermédiaire servant à transmettre les biens à un héritier dont le nom restait caché jusqu'à la mort de celui qui voulait tester. Ce fut là le testament nuncupatif (1).

Quel fut le résultat du changement qui fit passer, pour faire un testament, de la nécessité d'obtenir une loi à la vente véritable d'abord, et plus tard simulée de l'hérédité ? Les héritiers légitimes, protégés énergiquement dans le premier système, furent complétement abandonnés dans le second.

Aussi la loi des Douze Tables, qui fut rédigée à l'époque où déjà le système de vente était en vigueur, la loi des Douze Tables, qui n'est qu'une rédaction de coutumes (2), s'exprime ainsi: *Uti legassit super pecunia tutelave suæ rei, ita jus esto.*

Voilà la famille dépouillée de toute garantie, abandonnée au caprice du testateur; mais nous allons voir la jurisprudence s'efforçant de rétablir par la coutume la pro-

(1) Gaïus, Comment. II, §§ 101, 102, 103 et 104.
(2) M. Ortolan, *Histoire de la Législation romaine*, p. 106.

tection que la coutume avait fait tomber avec les testaments *calatis comitiis* et *in procinctu*, et arrivant à son but au moyen de la nécessité imposée au testateur d'instituer ou d'exhéréder ses enfants, et surtout au moyen de la *querela inofficiosi testamenti*.

PREMIÈRE PARTIE.

De la nécessité pour le testateur d'instituer ou d'exhéréder ses héritiers siens.

La famille romaine est fondée sur une idée de puissance paternelle prise dans sa conception la plus absolue et la plus despotique. Le chef de la famille, *paterfamilias*, embrasse dans son pouvoir les personnes et les biens : ses enfants sont sous sa puissance et tout ce qu'ils acquièrent devient sa propriété. Mais ces enfants, quoique subordonnés à leur père, sont en quelque sorte ses associés ; ils ont, de son vivant même, un droit de copropriété sur les biens de la famille. Aussi voyons-nous sur le théâtre, miroir fidèle de chaque époque, Térence faire donner par un père à son fils le nom de *meus particeps* (1).

Ce n'est pas seulement dans les comédies représentées à Rome que se trouve cette idée de copropriété ; c'est aussi là où il nous importe de la rencontrer, c'est-à-dire dans son droit. Quel nom en effet donne-t-il aux héritiers

(1) Térence, Heautontimorumenos.

du sang? Il les appelle héritiers siens, *sui heredes*, héritiers d'eux-mêmes.

« Sui quidem heredes ideo appellantur quia domestici heredes sunt, et, vivo quoque patre, quodam modo domini existimantur (1). »

Les jurisconsultes romains s'emparèrent de cette idée; les enfants sont copropriétaires avec leur père, auquel profitent toutes leurs acquisitions; il sont, de son vivant, *heredes*, dans le vieux sens donné à ce mot, c'est-à-dire maîtres. Le chef de famille devra donc, par son testament, laisser subsister la situation déjà existante en instituant ses enfants héritiers, ou plutôt en leur confirmant une propriété qui leur appartenait déjà. Cependant, s'il veut absolument les dépouiller, il le pourra, lui qui, dans les premiers temps, avait sur eux droit de vie et de mort, mais il faudra qu'il exprime formellement sa volonté, il faudra qu'il les exhérède, qu'il les fasse sortir de la propriété qu'ils avaient déjà. Ces idées, nous les trouvons exprimées par Paul dans une loi du Digeste (2) : « In suis heredibus evidentius apparet continuationem dominii eo rem perducere ut nulla videatur hereditas fuisse quasi olim hi domini essent, qui etiam vivo patre quodam modo domini existimantur. Unde etiam filiusfamilias appellatur, sicut paterfamilias, sola nota hac adjecta per quam distinguitur genitor ab eo qui genitus sit. Itaque, post mortem patris non hereditatem percipere videntur, sed

---

(1) Gaïus, Comment. II, § 156; Instit., tit. XIX, § 2.

(2) Loi II, Dig., De liberis et postumis instituendis vel exhæredandis, XXVIII, 2.

magis liberam bonorum administrationem consequuntur. Ex hac causa licet non sint heredes instituti, domini sunt. Nec obstat quod liceat eos exheredare quos et occidere licebat. »

A quelle époque cette nécessité d'institution ou d'exhérédation prit-elle naissance? Comme à toute coutume, il est impossible de lui assigner une date précise. Ce qu'il y a de certain, c'est qu'elle existait dans toute sa force au temps de Cicéron. En effet, dans le cours de notre travail, nous trouverons une décision d'Aquilius Gallus, collègue de Cicéron dans la préture, qui suppose nécessairement l'exhérédation définitivement entrée dans les mœurs; et un passage de Cicéron lui-même, dans son *De oratore*, nous prouve qu'il en était bien ainsi. Un citoyen, sur la fausse nouvelle de la mort de son fils à l'armée, refait son testament et institue pour héritier un étranger sans parler de son fils. Le testateur meurt; le fils revient et attaque le testament de son père. « Quelle plus belle question de droit pourra jamais se présenter? demande Cicéron. L'erreur dans laquelle se trouvait le père empêchera-t-elle son testament de tomber? « Nempe in hac causa quæsitum est de jure civili posset-ne paternorum bonorum exheres esse filius quem pater testamento neque heredem neque exheredem scripsisset nominatim (1). »

(1) Ciceron, De oratore, livre I, n° 38.

CHAPITRE Ier.

DE L'INSTITUTION OU DE L'EXHÉRÉDATION DES HÉRITIERS SIENS EXISTANTS AU MOMENT DE LA CONFECTION DU TESTAMENT.

SECTION Ire.

Quels sont les héritiers siens.

Pour qu'un enfant soit héritier sien, il faut qu'il remplisse deux conditions : il doit se trouver sous la puissance du testateur et s'y trouver au premier rang.

L'une ou l'autre de ces conditions faisant défaut, l'enfant n'est pas héritier sien, et son omission ne rendrait pas le testament *injustum*, c'est-à-dire fait contrairement aux règles du droit et par conséquent sans valeur.

Ainsi, un individu fait son testament : il a un fils dont il ne parle pas, mais ce fils était soldat et a été fait prisonnier par l'ennemi. Le testament n'est pas *injustum*, et une seule chose pourrait le faire tomber, le retour du fils, parce qu'en vertu de la fiction du *postliminium*, le temps de sa captivité serait effacé, et il serait regardé comme n'ayant jamais cessé de se trouver sous la puissance de son père.

J'ai dit en second lieu qu'il fallait, pour être héritier sien, que l'enfant occupât le premier degré dans la famille. Supposons un homme qui a un fils et un petit-fils: il fait son testament; dans ce testament il exhérède son fils, omet de parler de son petit-fils et institue pour son héritier un étranger. Le fils survit à son père quelque temps seulement, c'est là l'essentiel; quant au moment exact de sa mort, qu'il se place avant ou après l'adition d'hérédité, peu importe (1). Son père ayant survécu au testateur, le petit-fils ne s'est jamais trouvé au premier rang sous la puissance de celui-ci; il aurait fallu, pour qu'il en fût ainsi, que ce rang devînt vacant du vivant même du testateur. L'exhérédation du fils le chassait bien, il est vrai, du rang qu'il occupait et le laissait libre pour le petit-fils; mais cette exhérédation ne devait exister réellement qu'au jour où le testament produirait son effet. Or, un testament ne produit d'effet qu'après la mort du testateur. Par conséquent, la première place n'est devenue libre pour le petit-fils qu'après la mort de son grand-père; il n'a donc pas rempli nos deux conditions : il a bien été sous la puissance du testateur, mais il n'y a jamais occupé le premier rang; il n'a pas été héritier sien.

SECTION II.

Conséquence de l'omission des héritiers siens; de leur institution et de leur exhérédation.

Sur ces différents points, les règles ne sont pas les mêmes selon qu'il s'agit d'un fils ou d'héritiers siens autres qu'un fils, c'est-à-dire d'une fille, d'un petit-fils ou d'une petite-fille.

---

(1) Dig., l. 9, § 2, De liberis et postumis, XXVIII, 2.

§ 1er. — Du fils.

I. — *Conséquence de son omission.* — S'il n'a pas été parlé du fils pour l'instituer ou pour l'exhéréder, le testament n'est pas valable (1).

Aux yeux du droit civil, la nullité d'un pareil testament est absolue : il est infecté d'un vice radical, d'un vice qui ne peut se purger d'aucune façon ; admît-on même que le fils s'abstînt de l'hérédité, qu'il n'eût pas intérêt, par conséquent, à la validité ou à la nullité du testament, ce testament n'en serait pas moins regardé comme n'ayant jamais existé.

Le droit prétorien se montre moins rigoureux ; il ne regarde le testament comme inexistant qu'au cas où il y a intérêt pour le fils à ce qu'il en soit ainsi. En supposant que, dans le silence du fils omis, les héritiers institués, trouvant d'ailleurs dans la qualité d'héritiers légitimes un moyen de reprendre l'hérédité, voulussent arguer de l'omission pour faire disparaître le testament et se soustraire au payement des legs et aux affranchissements qu'il contient, le préteur, au moyen de l'édit *Si quis omissa causa testamenti*, les empêcherait d'user de ce détour (2).

II. — *De l'institution du fils.* — Le fils peut être institué purement et simplement ou sous condition ; mais le testateur doit, dans ce dernier cas, avoir bien soin de prononcer l'exhérédation pour le cas où la condition ne

---

(1) Ulpien, fragm., tit. XXII, § 16.

(2) Dig., l. 17, De injusto, rupto irritore facto testamento, XXVIII, 3.

s'accomplirait pas; sans cela, la non-existence de cette condition rendrait le testament nul; le fils, en effet, se trouverait par le fait avoir été omis. Ainsi, un testateur a dit : « Si navis ex Asia venerit, filius heres esto; » pas de difficulté si le navire arrive, le fils sera heritier; mais si la condition ne s'accomplit pas, si le navire n'arrive pas, nous nous trouvons dans un cas où le testament ne parle pas du fils et ne règle pas son sort; ce testament n'est donc pas valable. Le testateur doit donc avoir bien soin, après avoir dit : « Si navis ex Asia venerit, filius heres esto, » d'ajouter : « Si navis ex Asia non venerit, filius exheres esto. »

Il faut cependant tenir compte de la nature de la condition. En effet, s'il s'agissait d'une condition potestative, le testament serait valable, sans qu'il fût besoin de prendre la précaution de prononcer l'exhérédation pour le cas où la condition viendrait à ne pas s'accomplir. La raison de cette différence est facile à donner. C'est qu'en admettant même que la condition ne se réalise pas, on ne peut réellement pas soutenir que le fils a été omis, puisqu'il ne dépendait que de lui d'accomplir la condition et de devenir héritier.

Mais quand une condition est-elle potestative? On ne peut ici poser de règle absolue; c'est une question de fait. La même condition peut, suivant les circonstances, tantôt être potestative et tantôt ne l'être pas. Ainsi, la condition d'aller à Alexandrie, imposée à un individu valide qui ne se trouve pas à plus d'une lieue de cette ville, est certainement potestative; mais en serait-il de même toujours? Certainement non; en effet, cette même condition peut être très-difficile à remplir, et pour cela il suffit de l'envisager imposée à un homme malade ou bien à un homme qui devra, pour l'accomplir, traverser la mer, où il risque de faire naufrage.

La condition de faire une chose impossible ou une chose illicite ou immorale n'est pas potestative ; fait sous une semblable condition, le testament n'est pas valable (1).

Il faut donc, pour que le testament soit valable, qu'il dépende de la seule volonté du fils d'accomplir ou de ne pas accomplir la condition ; mais, s'il en est ainsi, que la condition soit ou non accomplie, dans tous les cas le testament est valable (2).

En conséquence, le cohéritier qui aurait été donné au au fils par le testament pourra faire adition sans avoir besoin de rien attendre. Il faudra bien, au contraire, que le substitué attende, puisque le fils peut, pendant toute la durée de sa vie, accomplir la condition ; mais, une fois la mort du fils arrivée, le substitué, fût-il même le petit-fils du testateur, sera héritier *ex testamento*. Ainsi, tant que la condition peut être accomplie, le fils peut devenir héritier, et il n'y a pas lieu à la substitution ; mais aussi le testament reste valable malgré l'inaccomplissement de la condition.

Si, cependant, il s'agissait d'une de ces conditions qui ne peuvent être accomplies aux approches de la mort, comme celle d'aller à Alexandrie, le substitué aurait droit à l'hérédité dès le moment où il y a certitude que cette condition ne se réalisera pas, et, par conséquent, avant même la fin de la vie de l'héritier institué.

---

(1) Dig., l. 15, De conditionibus institutionum, XXVIII, 7.

(2) Dig., l. 4, De heredibus instituendis, XXVIII, 5.

Telles sont les règles à suivre quand il a été donné au fils institué sous condition potestative un cohéritier ou un substitué; mais il se peut très-bien que le testament ne renferme ni substitution, ni institution autre que celle du fils. Il faudra bien, dans ce cas, si la condition n'est pas accomplie, que le testament tombe et que l'on arrive à la succession *ab intestat*. Mais à qui appartiendra-t-elle? Il faut distinguer ici, comme nous le faisions tout à l'heure en parlant du substitué, entre les différentes conditions, et se demander si la condition peut s'accomplir jusqu'au dernier soupir, ou s'il y aura, avant la mort, un moment où son inaccomplissement deviendra évident.

La condition était d'aller à Alexandrie; du moment qu'il est devenu certain que l'état du fils à qui elle était imposée ne lui permettrait plus de faire ce voyage, le testament est tombé; il est tombé du vivant du fils : c'est lui qui se trouve héritier *ab intestat*. Au contraire, il s'agissait de donner à Titius une somme d'argent; jusqu'à son dernier soupir, le fils pouvait avoir cette somme sous la main, il pouvait la remettre à Titius; ce n'est donc qu'à sa mort que l'inaccomplissement de la condition devient assuré; la succession *ab intestat* sera déférée à ceux qui se trouvaient, à son défaut, en droit de la recueillir (1). Il n'y aurait plus à faire cette distinction entre les conditions en supposant un terme ajouté à la condition; par exemple « que mon fils soit héritier s'il donne telle somme d'argent à Titius avant cinq ans, » aussitôt le délai de cinq ans expiré, le testament tombe et le fils se

(1) Dig., l. 5, De heredibus instituendis, XXVIII, 5.

trouve héritier *ab intestat;* si le testament contient une substitution, il tombe encore, mais le fils est écarté et c'est le substitué qui devient héritier.

III. *De l'exhérédation du fils.* — Le fils placé sous la puissance de son père, s'il n'est institué, doit être exhérédé. Cette exhérédation doit être nominative (1). Le fils doit être désigné par son nom, son prénom ou son surnom; l'une de ces désignations suffit (2).

Si le testateur n'a qu'un fils, il suffit qu'il emploie ces mots : « *Filius meus exheres esto* (3). »

En admettant même que le père, ne voulant pas donner à celui qu'il écarte de sa succession le nom de fils, se fût servi de ces mots : « Celui qui est né de Seia, » ou même que, dans son indignation, il ait employé les mots : « Celui que je ne veux pas nommer, celui que je ne veux pas appeler mon fils, le brigand, le gladiateur, le fruit de l'adultère, » l'exhérédation serait encore valable.

L'exhérédation du fils doit être pure et simple : faite sous condition, il pourrait arriver que l'exhérédation n'empêchât pas le testament d'être nul; en effet, comme nous l'avons déjà vu pour l'institution en cas d'inaccomplissement de la condition, le fils se trouverait n'avoir été ni institué ni exhérédé; il y aurait omission.

Mais ici encore, comme pour l'institution, un moyen est offert au testateur d'éviter ce résultat; il peut, en

---

(1) Ulpien, fragm., tit. XXII, § 20.
(2) Dig., l. 1, De liberis et postumis, XXVIII, 2.
(3) Dig., l. 2, De liberis et postumis, XXVIII, 2.

exhérédant son fils sous condition, l'instituer sous la condition contraire.

On ne saurait concevoir une institution ou une exhérédation portant sur un temps qui suivrait la mort du fils: l'exhérédation doit donc être formulée de telle sorte que son effet se produise du vivant même du fils exhérédé.

Ainsi, ne serait pas valable un testament ainsi conçu : « Que Titius soit mon héritier après la mort de mon fils; que mon fils soit exhérédé (1). »

En effet, comme toute disposition testamentaire, l'exhérédation dépend de l'adition d'hérédité ; dans l'espèce proposée, l'héritier ne peut faire adition qu'après la mort du fils ; l'exhérédation ne peut donc s'accomplir qu'après la mort du fils : elle n'est pas valable.

Nous avons dit plus haut que le testament dans lequel un père aurait institué son fils sous condition, serait valable, pourvu que le testateur eût le soin de prononcer une exhérédation sous la condition contraire à celle mise à l'institution. Il faut, nous le voyons maintenant, quelque chose encore : la condition doit s'accomplir du vivant du fils. En effet, si cette condition ne se réalisait qu'après la mort du fils, qu'arriverait-il ? Le fils n'aurait été, de son vivant, ni institué ni exhérédé ; le testament du père ne serait donc pas plus valable que si le fils y avait été réellement omis ; l'omission, en pareil cas, résulte, il est vrai, des circonstances et non de la lettre du testament, mais elle ne suffit pas moins pour vicier le testament et le rendre nul (2).

---

(1) Dig., l. 13, § 2, De liberis et postumis, XXVIII, 2.
(2) Dig., l. 28, De liberis et postumis, XXVIII, 2.

L'exhérédation doit porter sur toute l'hérédité.

Dans le cas où un héritier était institué *ex re certa,* la jurisprudence, qui voyait toute institution d'un œil favorable, effaçait la mention du corps certain pour étendre l'institution à toute l'hérédité. Mais il n'en est plus de même en matière d'exhérédation : autant l'institution est vue avec plaisir par la jurisprudence, autant elle aime peu l'exhérédation ; aussi, elle laisse subsister la mention du corps certain, et l'exhérédation ne portant pas sur la totalité de l'hérédité n'est pas valable.

Par suite de la même idée, en supposant plusieurs héritiers institués, l'exhérédation doit être prononcée à l'égard de tous ces héritiers ; prononcée à l'égard d'un seul ou même de plusieurs des héritiers, l'exhérédation serait nulle.

L'application de notre règle devient plus délicate, lorsqu'on se trouve en présence d'un testament qui contient non plus des héritiers du même rang, mais plusieurs degrés d'institutions, c'est-à-dire des héritiers et des substitués.

Prenons un exemple. J'institue Primus et Secundus ; je leur substitue Tertius et Quartus ; je n'exhérède mon fils qu'à l'égard du premier degré d'institués, à l'égard de Primus et de Secundus. L'institution seule est valable ; la substitution est nulle, et le vice qui l'entache est tel qu'en supposant même mon fils mort pendant le temps accordé à Primus et à Secundus pour délibérer, Tertius et Quartus ne pourraient, après leur refus de faire adition, prétendre à mon hérédité (1).

(1) Dig., l. 8, De liberis et postumis, XXVIII, 2.

J'institue Primus et Secundus, je leur substitue Tertius et Quartus; mais le défaut d'exhérédation, au lieu de porter, comme dans l'espèce précédente, sur les substitués Tertius et Quartus, porte sur les institués Primus et Secundus. Le premier degré d'institués n'est pas valable; le testament ne commence qu'à la substitution, et l'hérédité sera recueillie par Tertius et Quartus (1).

En règle générale, pour qu'il y ait un testament, il n'est pas nécessaire que l'exhérédation soit prononcée à l'égard de tous les degrés d'institution; mais le testament, valable pour le degré d'héritiers à l'égard desquels le fils a été écarté, est nul pour le degré d'héritiers devant lesquels le fils peut se présenter sans rencontrer un obstacle mis à sa prétention par une exhérédation prononcée contre lui.

Mais, pour s'appliquer à tous les degrés d'institution, comment l'exhérédation du fils doit-elle être prononcée?

Placée avant tous les degrés d'institution, l'exhérédation s'applique à chacun d'eux (2). Il en est de même lorsqu'elle est mise entre les deux degrés (3). Par exemple : « Titius ex semisse heres esto (*premier degré*); Gaius » ex altero semisse heres esto (*premier degré*); FILIUS » EXHERES ESTO; si Titius heres non erit, Lucius heres » esto (*deuxième degré*); si Gaius heres non erit, Sempronius heres esto (*deuxième degré*). »

Si le testateur a enchevêtré les degrés, l'exhérédation est encore valable pour le tout; ainsi : « Primus heres

(1) Dig., l. 3, § 6, De liberis et postumis, XXVIII, 2.
(2) Dig., l. 3, De liberis et postumis, XXVIII, 2.
(3) Dig., l. 3, § 4, De liberis et postumis, XXVIII, 2.

» esto ex semisse (*premier degré*); si Primus heres » non erit, Secundus ex semisse heres esto (*deuxième* » *degré*); Tertius ex altero semisse heres esto (*premier* » *degré*); FILIUS EXHERES ESTO ; si Tertius heres non erit, » Quartus heres esto (*deuxième degré*). »

Il en serait autrement si le testateur s'était exprimé de la manière suivante : « Titius ex semisse (*premier* » *degré*), Gaius ex altero semisse heres esto (*premier* » *degré*) ; si Titius heres non erit, Lucius heres esto » (*deuxième degré*); FILIUS EXHERES ESTO ; si Gaius heres » non erit, Sempronius heres esto (*deuxième degré*). » Le fils ne serait, dans ce cas, exhérédé qu'à l'égard des substitués, héritiers du second degré.

Enfin, placée après tous les degrés d'institution, l'exhérédation s'applique à chacun d'eux, si telle paraît avoir été sans aucun doute la volonté du testateur, ou s'il s'est positivement expliqué à cet égard.

Le plus souvent, l'exhérédation est une peine infligée au fils en punition de son inconduite; d'autres fois, le père la prononce sans motifs, aveuglé par de mauvais conseillers; quelquefois, c'est au contraire un sentiment bienveillant qui l'y pousse. Le fils est impubère; son père craint que la fortune qu'il va lui transmettre en mourant n'excite la convoitise de parents avides et, l'exposant à leurs perfides menées, ne mette ses jours en danger; il l'exhérède, mais l'hérilier institué est chargé par fidéicommis de restituer l'hérédité à ce fils quand il sera parvenu à un âge qui lui permettra de déjouer les infâmes calculs de ses proches (1).

(1) Dig., l. 18, De liberis et postumis, XXVIII, 2.

D'ailleurs, que ce soit punition, haine ou surcroît de sollicitude de la part du père, peu importe le motif qui a amené l'exhérédation, le père n'en a qu'un à invoquer, son bon plaisir.

Cependant, dans la loi 14, § 2, au Digeste « De li« beris et postumis instituendis vel exheredandis, » Africain fait, pour un cas tout particulier, une exception à ce principe. Le père, dans l'exhérédation, s'est servi, nous dit ce jurisconsulte, de ces mots : « ille quem « scio ex me natum non esse, exheres esto. » Évidemment, la cause unique qui a provoqué l'exhérédation du fils, c'est la persuasion où était le testateur de l'illégitimité de celui qui passait pour son enfant. Si celui-ci prouve la régularité de sa filiation et par là même l'erreur du testateur, le testament devra tomber.

Tous les fils, aussi bien les militaires que ceux qui ne le sont pas, peuvent encourir l'exhérédation. Auguste avait par un édit défendu au père d'exhéréder son fils militaire ; mais, à l'époque où écrivait Paul, cette prohibition avait déjà disparu (1).

En résumé, l'exhérédation du fils doit être nominative, pure et simple, ou sous condition potestative. Il faut que son effet se produise du vivant du fils. Elle doit porter sur toute l'hérédité ; elle doit être prononcée à l'égard de tous les institués.

§ 2. — Des héritiers siens autres que le fils, c'est-à-dire de la fille, du petit-fils ou de la petite-fille.

I. *Conséquence de leur omission.* — Malgré l'omission

(1) Dig., l. 26, De liberis et postumis, XXVIII, 2.

des filles, petits-fils et petites-filles, le testament est valable; les enfants omis n'ont que le droit de concourir avec les héritiers institués, *scriptis heredibus adcrescunt*. Ils prennent à eux tous une portion de l'hérédité, qui varie suivant la qualité des héritiers institués. Les héritiers institués sont-il des héritiers siens? les enfants omis prendront une part virile. Sont-ce des étrangers? ils auront droit à la moitié de la succession (1).

Prenons un exemple : un fils et un étranger ont été institués pour parts égales, une fille a été omise; dans ce cas, la fille vient faire subir le même retranchement au fils et à l'étranger; elle leur enlève à chacun, *jure adcrescendi*, la moitié de la part qui leur avait été attribuée.

Mais changeons l'espèce : ce sont deux fils qui ont été institués avec l'étranger; la fille alors venant en concours avec ses frères pour une part virile, leur prend à chacun un tiers; à l'étranger, elle enlève la moitié (2).

Si donc l'hérédité se composait de dix-huit parties, chaque fils, de six qu'il avait, se trouve réduit à quatre; l'étranger n'en garde que trois, la fille en a sept à elle seule. D'où cette conséquence : quand il ne se rencontre qu'un seul héritier ayant le *jus adcrescendi*, sa position est au moins égale et quelquefois préférable à celle des héritiers siens institués; sa position est égale à celle des héritiers siens institués, quand ils ne le sont pas en concours avec un étranger : elle est préférable chaque fois qu'un étranger se trouve institué avec eux. Mais, je le répète, il n'en est ainsi que dans le cas où l'on se trouve en pré-

(1) Ulpien, fragm., tit. XXII, § 17.
(2) Paul, Sentent., liv. III, tit. VI, § 8.

sence d'un seul héritier sien auquel son omission donne le *jus adcrescendi*.

II. — *De l'institution des héritiers siens autres que le fils*. — Ils peuvent être institués purement et simplement ou sous condition, et il n'y a pas à distinguer entre les différentes espèces de conditions. En cas d'inaccomplissement de la condition, il y a omission, et, nous venons de le voir, l'omission des héritiers qui nous occupent en ce moment laisse subsister le testament.

III. — *De l'exhérédation des héritiers siens autres que le fils*. — Ces héritiers peuvent être désignés par leur nom ou englobés dans la formule générale *cœteri exheredes sunto*. A leur égard, dit-on, l'exhérédation peut être nominative ou *inter cœteros* (1).

La fille, le petit-fils et la petite-fille peuvent être exhérédés sous condition.

Telles sont les règles concernant les filles, petits-fils et petites-filles; chacune d'elles constitue une différence avec celles que nous avons posées à l'égard du fils.

Ainsi, 1° l'omission du fils rend le testament nul; l'omission de la fille, du petit-fils et de la petite-fille laisse subsister le testament et donne simplement à la personne omise le *jus adcrescendi*.

2° L'institution doit être pure et simple ou sous condition potestative à l'égard du fils; toute condition peut être imposée à l'institution de la fille, du petit-fils et de la petite-fille.

3° L'exhérédation du fils doit être pure et simple; celle

(1) Ulpien, fragm., tit. XXII, § 20.

de la fille, du petit-fils ou de la petite-fille peut être sous condition.

4° Le fils doit être exhérédé nominativement; la fille, le petit-fils et la petite-fille peuvent être exhérédés *inter cæteros*.

Notons au contraire une ressemblance : qu'il s'agisse d'un fils, d'une fille, d'un petit-fils ou d'une petite-fille, le militaire n'est pas obligé de prononcer nominativement ni même expressément l'exhérédation, il suffit qu'elle résulte de l'acte ou même de son silence, s'il est prouvé qu'il n'ignorait pas l'existence de ses enfants. C'est, comme dans tout ce qui concerne les testaments militaires, une question d'intention.

§ 3. — Innovations de Justinien.

Justinien supprime les différences que nous venons d'énumérer (1); comme celle du fils, l'omission de la fille, du petit-fils et de la petite-fille rend le testament nul; ils doivent être institués purement et simplement ou sous condition potestative; leur exhérédation doit être nominative, et pure et simple.

Faut-il signaler une autre innovation? Faut-il dire que, par suite de l'omission d'un héritier sien, le testament ne tombe plus tout entier et d'un seul morceau ; que l'institution d'héritier seule est vicieuse, et que les autres dispositions, legs, fidéicommis, affranchissements subsistent? Nous ne le pensons pas.

La Novelle 115, ch. 3, de laquelle on a voulu tirer cette

(1) Code, l. 4, De liberis præteritis, VI, 28.

conséquence, ne s'applique pas au cas qui nous occupe. Elle n'a pas trait à l'omission d'un héritier sien, cas auquel le testament tombe tout entier; elle s'occupe seulement de l'exhérédation des héritiers siens et de l'omission de ceux qui ne sont pas comptés au nombre des héritiers siens, cas auquel il y a lieu à la *querela inofficiosi testamenti*. La Novelle **115**, ch. 3, dit bien que la *querela inofficiosi testamenti* ne fait pas tomber tout le testament, qu'elle ne fait disparaître que l'institution d'héritier ; mais ce serait se tromper étrangement que de vouloir appliquer par analogie les règles qu'elle pose à la nécessité de l'institution ou de l'exhérédation. Les deux cas sont complétement différents; dans l'un, un héritier sien attaque le testament, prétendant avoir été exhérédé injustement, ou bien un héritier qui pouvait être omis se plaint de l'avoir été sans motif; dans l'autre au contraire, le testament est nul parce qu'un héritier sien n'a été ni institué ni exhérédé, et qu'il ne pouvait être omis impunément.

Nous dirons donc que, sous Justinien comme avant lui, le testament dans lequel un héritier sien a été omis est complétement nul (1).

---

(1) *Sic.* Cujas, Vinnius select. juris quæst., l. II, chap. XX ; Pothier, ad tit. De liberis et postumis, XXVIII, 2, n° 4 à la note ; Ducaurroy, *Institutes expliquées*, l. II, tit. XVIII, n° 658 ; Vernet, *De la quotité disponible* p. 175.

CHAPITRE II.

DE L'INSTITUTION ET DE L'EXHÉRÉDATION DES POSTHUMES.

SECTION PREMIÈRE.

Des posthumes proprement dits.

§ 1er. — Conséquence de la naissance d'un posthume. — Comment arriva-t-on à instituer ou à exhéréder les posthumes?

Le descendant du testateur né après sa mort se nomme posthume : ce sera son fils, ce peut être aussi son petit-fils; un exemple me fera facilement comprendre sur ce dernier point : Primus avait un fils que je nommerai Secundus ; celui-ci est mort laissant sa femme enceinte : Primus, qui sent qu'il ne survivra pas longtemps à son fils Secundus, fait son testament, il meurt en effet bientôt après, avant même l'accouchement de sa bru ; l'enfant qui naîtra de celle-ci sera un posthume à l'égard de son aïeul Primus.

Ce posthume, fils ou petit-fils, en le supposant né au moment de la confection du testament, aurait occupé la première place sous la puissance du testateur, il aurait été son héritier sien; il a des droits à sa succession, droits inconciliables avec la disposition qui a été faite des biens par le testament. Ce testament, il est vrai, n'est pas nul *ab initio* comme il le serait, s'il y avait eu omission d'un héritier sien existant au moment de sa confection ; il est au contraire valable en principe, mais sa validité n'est que conditionnelle ; il produit son effet s'il ne naît pas de posthume au testateur, mais il est renversé (*rumpitur*) par l'agnation, c'est-à-dire par l'arrivée dans la famille d'un posthume héritier sien, quel que soit son sexe ou son degré.

On évite la nullité du testament en instituant ou en exhérédant le fils qu'on a sous sa puissance. Pour éviter sa rupture par la survenance d'un posthume, il faudrait donc l'instituer ou l'exhéréder pareillement. Toutefois, cette précaution fut longtemps impossible. En effet, il était de règle en droit romain qu'on ne pouvait instituer une personne incertaine : *incerta persona heres institui non potest* (1). Un enfant qui n'était pas encore né était placé au premier rang de ces personnes incertaines ; le testateur ne pouvait donc instituer un posthume, il pouvait encore moins l'exhéréder ; en effet, exhéréder, c'est retirer le titre d'héritier, et comment arracher ce titre à une personne qui ne l'avait pas encore, et à laquelle on ne pouvait même le conférer pour le lui retirer ensuite ? La rupture du testament fut donc inévitable pendant longtemps. Mais il n'en pouvait être toujours ainsi à Rome où, nous l'avons déjà dit, chacun tenait à honneur de régler le sort de sa succession. La règle portant prohibition d'instituer des personnes incertaines était un obstacle invincible. Désespérant de l'abattre en l'abordant de front, la jurisprudence le tourna ; elle imagina de dire que le posthume qui devait naître héritier sien n'était pas une personne incertaine.

(1) Ulpien, fragm., tit. XXII, § 4.

Elle lui donna le nom de *posthume sien* et permit son institution et par suite son exhérédation.

Il y eut donc deux grandes classes de posthumes, les posthumes siens et les postumes étrangers, ceux qui, en les supposant nés au moment de la confection du testament, se trouveraient sous la puissance du testateur, et ceux qui se trouveraient hors de cette puissance. L'institution de ces derniers, inutile à la sûreté des testaments, resta prohibée, du moins par le droit civil.

Ainsi, la jurisprudence, par la nécessité de l'institution ou de l'exhérédation, avait restreint la liberté absolue laissée au testateur par la loi des Douze Tables; mais il lui suffisait que le testateur eût exprimé sa volonté sur le sort de ses enfants, et, voyant, à l'égard des posthumes, la règle qu'elle avait posée arriver à des effets plus rigoureux que ceux qu'elle avait eu d'abord l'intention de lui faire produire, elle s'arrangeait pour éviter un pareil résultat.

Mais si tel était son vœu, elle n'avait pas encore assez fait. Les posthumes qui, en les supposant nés au moment de la confection du testament, auraient occupé la première place sous la puissance du testateur, pouvaient seuls être institués ou exhérédés. Mais si, en le supposant né au moment de la confection du testament, le posthume n'avait pas dû occuper la première place sous la puissance du testateur, il n'y avait plus moyen d'éviter la rupture du testament. Qu'on suppose par exemple un enfant conçu d'un fils mort avant le testateur, mais depuis la confection du testament; cet enfant, s'il ne venait au monde qu'après la mort du testateur son aïeul, n'aurait pu être ni institué ni exhérédé par lui.

La jurisprudence avait donc encore un pas à faire ; elle le fit avec Aquilius Gallus, collègue de Cicéron dans la préture. Il imagina une formule qui permettait d'appliquer l'institution ou l'exhérédation au cas qui nous occupe. Voici la formule : « Si filius meus, vivo me, morietur, tum si quis mihi ex eo nepos sive quæ neptis, post mortem meam, in decem mensibus proximis quibus filius meus moreretur, natus natave erit, heres esto » ou « exheres esto (1). »

Cette formule reçut elle-même deux extensions de l'interprétation des prudents.

Première extension. — La formule ne parlait que du petit-fils ou de la petite-fille; on étendit la faculté d'institution ou d'exhérédation aux degrés suivants (2).

Seconde extension. — Dans la formule, le décès seul du fils était supposé ; on arriva à dire que, dans tous les cas où le petit-fils posthume naîtrait héritier sien, il pourrait être institué ou exhérédé ; on pouvait donc supposer que la mise du fils hors de la famille était le résultat de la perte de la liberté, du droit de cité ou la suite d'une émancipation.

Ainsi les posthumes qu'on appela posthumes siens se divisèrent en deux classes : les posthumes ordinaires (*postumi vulgares*), et les posthumes Aquiliens.

Nous avons vu comment on arriva à permettre leur institution ou leur exhérédation; voyons maintenant quelles en sont les règles.

---

(1) Dig., l. 29, De liberis et postumis, XXVIII, 2.

(2) Dig., l. 29, §§ 2, 3, 4, De liberis et postumis, XXVIII, 2.

§ 2. — Règles concernant l'institution des posthumes.

I. *Qui peut instituer un posthume?* — La jurisprudence, avons-nous dit, ne permit l'institution qu'à l'égard des posthumes héritiers siens du testateur; les femmes n'ont pas la puissance sur leurs enfants, elles n'ont pas d'héritiers siens; les hommes seuls peuvent donc instituer un posthume.

Peu importe qu'il s'agisse d'un célibataire; il peut en effet se marier par la suite. Quand le testateur est un homme marié, l'institution qu'il fait s'applique non-seulement à l'enfant dont sa femme est ou pourra être enceinte, mais encore à l'enfant qu'il aurait d'une autre épouse, en cas de mort de la première ou en cas de divorce (1).

De même qu'il peut se marier ou adopter, l'impuissant peut instituer un posthume; c'est du moins l'opinion de Labéon et de Cassius, rapportée par Ulpien; mais l'institution d'un posthume n'est pas plus permise au castrat que le mariage ou l'adoption (2).

L'hermaphrodite, si le sexe masculin prédomine en lui, peut instituer un posthume (3).

Ce ne sont pas là des puérilités: il y a un intérêt sérieux à faire ces distinctions; en effet, s'il existe déjà un testament avant celui qui contient l'institution du posthume, sa révocation ou sa non-révocation dépend de la

(1) Dig., l. 4 et 5, De liberis et postumis, XXVIII, 2.
(2) Dig., l. 6, § 1, De liberis et postumis, XXVIII, 2.
(3) Dig., l. 6, § 2, De liberis et postumis, XXVIII, 2.

validité du second. Le testament fait par un homme qui peut espérer un posthume, bien qu'il ne lui en survienne pas et que l'institution qu'il a faite reste sans effet, a au moins pour résultat de révoquer le testament précédemment fait; au contraire, si le testateur ne pouvait certainement avoir de posthume, le premier testament subsiste.

II. *Comment les posthumes peuvent-ils être institués?* — Les posthumes, sans distinction de sexe, doivent être institués purement et simplement. D'ailleurs, en supposant l'institution faite sous condition, la naissance des posthumes ne ferait tomber le testament que si elle arrivait avant l'accomplissement de la condition (1).

Le testateur peut instituer le posthume, quel qu'il soit, qui lui naîtra ou bien celui qui lui naîtra de telle femme; et, dans ce cas, s'il n'avait pas de posthume de cette femme et qu'il en eût un d'une autre, le testament tomberait.

Il n'est pas besoin que le testateur soit marié avec la femme qu'il désigne; il n'est même pas nécessaire qu'il puisse l'épouser au moment où il teste, il suffit qu'il puisse honnêtement espérer son mariage avec elle; par exemple, ce sera une esclave, parce que cette esclave peut être affranchie (2); mais ce ne pourrait pas être une femme mariée, parce qu'il y aurait quelque chose d'immoral à souhaiter, par avance et du vivant de son premier époux, de s'unir à cette femme (3).

Le testateur a institué un posthume, c'est-à-dire l'en-

(1) Dig., l. 22 et 24, De liberis et postumis, XXVIII, 2.
(2) Dig., l. 28, § 3, De liberis et postumis, XXVIII, 2.
(3) Dig., l. 27, De liberis et postumis, XXVIII, 2.

fant qui naîtra après sa mort; en supposant qu'il ait un enfant de son vivant, le testament tomberait. On s'attachait avec une certaine rigueur aux termes mêmes dans lesquels avait été faite l'institution.

A ce sujet, Julien nous rapporte une espèce assez curieuse. Il est dit dans un testament : « S'il me naît un fils, je l'institue pour deux tiers et ma femme pour l'autre tiers; si, au contraire, il me naît une fille, je l'institue pour un tiers et ma femme pour deux tiers. » Il naît deux jumeaux, un fils et une fille, que décider ? Il faut, nous dit le jurisconsulte, diviser l'hérédité en sept parties : le fils en aura quatre, la femme deux et la fille une. De cette façon, on se conforme à la volonté du testateur; en effet, la part du fils est bien double de celle de la mère, et la part de la mère double de celle de la fille. Il est vrai, ajoute-t-il, que la subtilité aurait pu conduire à regarder le testament comme *ruptum*, le testateur ayant prévu la naissance d'un fils ou d'une fille, et non la naissance d'un fils et d'une fille; mais cependant, comme dans l'une et l'autre hypothèse le testateur a voulu laisser quelque chose à sa femme, l'équité mène à la solution que nous donnons (1).

Poursuivant le raisonnement de Julien et gardant toujours la proportion indiquée par le testateur, nous devrions dire que, dans le cas de la naissance de deux fils jumeaux, il faut diviser l'hérédité en cinq parties, pour en attribuer deux à chaque fils et une à la mère; au contraire, en supposant la naissance de deux filles jumelles,

---

(1) Dig., l. 13, De liberis et postumis, XXVIII, 2.

nous partagerions l'hérédité en quatre parties : la mère en prendrait deux ; il en resterait une à chaque fille.

§ 3. — De l'exhérédation des posthumes.

Les posthumes, sans distinction de sexe, doivent être exhérédés purement et simplement. D'ailleurs, il nous faut faire ici la remarque que nous avons déjà faite au sujet de l'institution : si la naissance du posthume se place seulement après l'accomplissement de la condition, le testament ne tombera pas.

Quant à la manière de formuler l'exhérédation, il faut, dans le droit du Digeste, distinguer selon qu'il s'agit de posthumes du sexe masculin ou de posthumes du sexe féminin.

Le fils posthume doit être exhérédé nominativement ; la nécessité de l'exhérédation nominative n'est pas aussi formellement exigée par les jurisconsultes à l'égard des posthumes du sexe masculin autres que le fils, c'est-à-dire à l'égard des petits-fils et arrière-petits-fils ; mais il est plus sûr de l'employer, nous dit Ulpien (1), et c'est d'ailleurs ce qui se fait généralement.

Pour les posthumes du sexe féminin, le testateur avait le choix de les exhéréder nominativement du *inter cæteros ;* mais, dans ce cas, il devait leur laisser quelque chose à titre de legs, pour prouver qu'il y avait bien intention et non oubli de sa part (2). La condition de ces posthumes était en cela meilleure que celle des filles ou

(1) Ulpien, fragm., tit. XXII, § 22.
(2) Ulpien, fragm , tit. XXII, § 21.

petites-filles vivantes au moment de la confection du testament, que le testateur pouvait englober dans la formule *inter cœteros*, sans être obligé de leur rien léguer.

Justinien est venu supprimer ces différences: il a exigé une exhérédation nominative pour tous les posthumes sans distinction de sexe ni de degré (1).

L'exhérédation est nominative quand on a employé l'une des expressions suivantes ou quelque autre analogue : « *Posthumus exheres esto;* » — « *Qui mihi nascetur — qui mihi nascetur ex Seia,* » — « *Venter exheres esto* (2). »

En supposant une exhérédation ainsi formulée : « *Si filius aut filia natus natave sit, exheres esto.* » L'exhérédation, de même que l'institution, serait regardée comme prononcée pour le cas de la naissance simultanée d'un filset d'une fille, et le testament ne serait pas *ruptum.*

Comme celle d'un enfant déjà né, l'exhérédation d'un posthume doit porter sur toute l'hérédité et être prononcée à l'égard de tous les héritiers institués.

Mais que va-t-il se passer si le testament contient plusieurs degrés d'institution? Faut-il prononcer l'exhérédation du posthume à l'égard de chaque série d'héritiers?

Il y a deux héritiers, Primus et Secundus, et deux substitués, Tertius et Quartus. Exhérédé à l'égard de Primus et Secundus, le posthume a été omis vis-à-vis de Tertius et de Quartus; ceux-ci ne pourront recueillir

---

(1) Code, l. 4, De liberis præteritis vel exheredatis, VI, 28.

(2) Dig., l. 3, § 5, De injusto, rupto, irritove facto testamento, XXVIII, 3.

la succession au défaut des deux premiers; pour eux, la survenance du posthume rend le testament *ruptum*; et, le posthume fût-il mort pendant le temps accordé aux premiers institués pour délibérer, avant même le moment où, sur leur refus de faire adition, les seconds se trouvent en mesure de se présenter, le testament, une fois tombé à l'égard de ceux-ci, ne se relèverait plus (1).

Il pourrait même se présenter telle hypothèse où l'omission du posthume, à l'égard du second degré d'héritiers, empêcherait le testament tout entier de produire son effet. Il faut supposer la mort de l'un des substitués avant l'adition; dans ce cas, comme personne ne peut, en vertu du testament, se présenter à sa place, on arriverait, en maintenant ce testament, au résultat, impossible en droit romain, d'un testateur mourant partie testat et partie intestat. Il faut donc bien que le testament disparaisse tout entier (2).

D'ailleurs, il n'en serait plus ainsi si l'on avait appelé au second degré, au moyen d'une substitution réciproque, ceux-là mêmes qui étaient institués au premier degré, et à l'égard desquels le posthume avait déjà été exhérédé une première fois.

Sauf l'hypothèse spéciale que nous venons de présenter, en règle générale, si l'on suppose le posthume exhérédé à l'égard du premier degré d'héritiers, et omis à l'égard du second, l'institution du second degré disparaît, mais, le premier subsistant, le testament ne tombe pas entièrement.

(1) Dig., l. 14, De liberis et postumis, XXVIII, 2.

(2) Dig., l. 19, De injusto, rupto irritove facto testamento, XXVIII, 3.

Si nous changeons maintenant l'exemple que nous avons pris tout à l'heure; si, au lieu de supposer le posthume exhérédé à l'égard du premier degré d'héritiers et omis à l'égard du second, nous nous figurons, au contraire, son omission à l'égard du premier degré, fût-il exhérédé à l'égard des degrés suivants, la chute du premier degré entraîne avec elle la rupture du testament tout entier.

C'est là une notable différence avec les règles qui s'appliquent aux enfants déjà nés. Il est facile de se l'expliquer.

Quand un fils vivant a été omis à l'égard du premier degré d'héritiers, au moment même où le testateur écrit, l'institution de ce premier degré n'est pas valable, le testament ne commence qu'au second degré, mais c'est immédiatement que cet effet se produit; quand le fils se présente, il se trouve en présence d'héritiers à l'égard desquels il est exhérédé; toute issue lui est fermée pour pénétrer dans l'hérédité. Que se passe-t-il, au contraire, quand c'est un posthume qui a été omis ? Le testament commence-t-il immédiatement au second degré? Non. En effet, la naissance du posthume est incertaine et forme la condition de la validité ou de la nullité de l'institution des héritiers du premier degré. Ils restent donc à leur place; ils vont se trouver en présence avec le posthume omis; ce ne sera qu'un instant, je le veux bien, le temps de savoir si l'enfant est vivant, mais cet instant suffit: le posthume rencontre des héritiers incapables de le repousser; il pénètre dans l'hérédité par cette porte mal défendue, il n'est plus possible de l'exclure.

En supposant que le rang des héritiers à l'égard desquels le posthume a été omis soit intermédiaire, la survenance du posthume fait tomber tous les rangs qui se trouvent après celui-là, laissant, au contraire, subsister ceux qui précèdent (1).

Quant à la place que doit tenir dans le testament l'exhérédation du posthume pour s'appliquer à tous les degrés d'institution, il n'y a qu'à répéter ici les règles que nous avons posées en nous occupant de l'exhérédation des enfants vivants au moment de la confection du testament.

SECTION II.

Des quasi-posthumes.

§ 1er. — Posthumes Velléiens et Juliens.

On peut, nous l'avons vu, instituer ou exhéréder un enfant vivant; on peut prendre la même précaution à l'égard des posthumes proprement dits, c'est-à-dire des enfants qui naîtraient héritiers siens après la mort du testateur. Mais est-ce assez? Le testament va-t-il se trouver à l'abri de toute cause de rupture? Pas encore. En effet, il peut s'écouler un certain temps entre la confection du testament et la mort du testateur; dans cet intervalle peut se placer la naissance d'un héritier sien; il peut se faire aussi qu'un héritier sien, institué ou exhérédé, fasse place par sa sortie de la famille à un autre héritier sien, qui, ne se trouvant, lui, ni institué ni exhérédé, viendra faire tomber le testament.

Voilà donc deux nouvelles causes de rupture du testa-

---

(1) Dig., l. 14, De injusto, rupto irritove facto testamento, XXVIII, 3.

ment; la jurisprudence les avait laissées de côté ; le testeur pouvait, dans l'un et l'autre cas, refaire son testament, puisqu'il vivait encore ; la rupture du testament était inévitable, mais elle n'était pas sans remède. Cependant une loi spéciale, la loi Junia Velléia, permit, dans les deux hypothèses que je viens de signaler, l'institution ou l'exhérédation, et ceux auxquels elle s'appliquait prirent le nom de quasi-posthumes ou posthumes Velléiens (1).

La loi Junia Velléia fut portée dans les dernières années du règne d'Auguste (2). Elle contenait deux chefs ou chapitres.

I. — Le premier permettait l'institution ou l'exhérédation des enfants dont la naissance se plaçait entre la confection du testament et la mort de son auteur.

Que le testateur ait dit : *Si quis ex me natus fuerit;* ou bien : *Sive vivo me, sive mortuo, natus fuerit, heres* ou *exheres esto,* peu importe. L'enfant qui naît héritier sien après la confection du testament et avant la mort du testateur est valablement institué ou exhérédé, soit que le testateur ait expressément institué ou exhérédé celui qui naîtrait de son vivant, soit qu'il ait parlé de l'enfant, quel qu'il fût, qui lui surviendrait. Mais, s'il avait expressément parlé de l'enfant à naître, de son vivant, l'institution ou l'exhérédation, dans le droit du Digeste, ne s'appliquait pas à celui qui naissait après la mort du testateur; de même l'enfant institué ou exhérédé pour le cas où il naîtrait après la mort du testateur eût

---

(1) Ulpien, Fragm., tit. XXII, § 19 ; Gaïus, Comment. II, §§ 133 et 134.

(2) M. Ortolan, *Explication historique des Instit.*, l. II, tit. XIII, § 2.

paru omis si sa naissance se fût placée entre le testament et la mort, c'est-à-dire du vivant du testateur.

Justinien décida que l'institution ou l'exhérédation prononcée pour l'un des deux cas serait regardée comme s'appliquant à l'autre (1).

Les règles concernant les posthumes proprement dits sont applicables aux posthumes Velléiens.

II. — Le second chef de la loi Velléia s'occupait de ceux qui, déjà nés au moment de la confection du testament, n'arrivent que postérieurement à la qualité d'héritiers siens. Un exemple va me faire comprendre.

J'ai sous ma puissance un fils, et deux petits-fils, ses enfants. Je fais mon testament ; c'est avant la loi Velléia : je ne puis parler pour l'instituer ou l'exhéréder que de mon fils. Quant à mes petits-enfants, je ne puis leur enlever le titre d'héritiers, qu'ils n'ont pas encore ; mon fils meurt avant moi ; mes petits-enfants prennent sa place dans la famille. Ils deviennent héritiers siens ; le testament ne parle pas d'eux ; il est *ruptum*.

C'est à ce danger qu'est venu parer le second chef de la loi Velléia.

Mais, dira-t-on, même avant la loi Velléia, il y avait un moyen d'éviter la rupture du testament ; les petits-enfants étaient déjà nés au moment de la confection du testament, et, s'il était impossible de les exhéréder, on pouvait au moins les instituer. Ce serait une erreur. Une pareille institution n'empêchait pas le testament de tomber. Gaïus nous le dit positivement dans trois cas

(1) Code, l. 4, De postumis heredibus, VI, 19.

analogues à celui qui nous occupe (1). Mais pourquoi le testament tombe-t-il quand l'héritier sien s'y trouve institué? C'est qu'il a été institué comme étranger et avant d'être héritier sien ; depuis l'acquisition de cette qualité, il n'est pour ainsi dire plus la même personne.

C'est donc bien la loi Velléia par son second chef qui a donné le moyen de maintenir, au moyen d'une institution ou d'une exhérédation, le testament, malgré l'acquisition de la qualité d'héritier sien par un membre de la famille qui ne l'avait pas au moment de la confection du testament. On comprenait sous ce chef de la loi Velléia tous les descendants, quel que fût leur degré.

III. — Malgré les décisions de la jurisprudence, malgré la loi Velléia elle-même, il pouvait encore se présenter un cas dans lequel le testament devait tomber ; l'hypothèse, il est vrai, est assez compliquée, la voici : vous avez un fils ; vous faites votre testament et vous y instituez l'enfant qui naîtra de votre fils, c'est-à-dire votre petit-fils. Le petit-fils naît du vivant de son père, mais bientôt après celui-ci meurt. Le petit-fils n'est pas héritier sien au moment de sa naissance, puisqu'il est alors précédé par son père, et par conséquent il ne rentre pas dans le premier chapitre de la loi Velléia. Il ne rentre pas non plus dans le second ; en effet, il n'y a qu'un enfant déjà né au moment de la confection du testament qui ne puisse, d'après ce chapitre, rompre le testament fait antérieurement à sa naissance. Le premier chapitre permet d'instituer et par suite d'exhéréder ceux qui naîtront héritiers siens ; d'après le second cha-

(1) Gaïus, Comment. II, §§ 140, 141, 142.

pitre, l'enfant déjà né au moment de la confection du testament ne viendra plus faire tomber ce testament par l'acquisition de la qualité d'héritier sien, si le testateur a eu le soin de l'instituer ou de l'exhéréder. Le petit-fils qui nous occupe ne rentre expressément ni dans l'une ni dans l'autre des dispositions de la loi Velléia; en effet, il ne doit pas naître héritier sien, et sa naissance ne doit se placer qu'après la confection du testament.

Cependant, d'après le jurisconsulte Julien, si les termes mêmes de la loi ne s'appliquent pas à notre hypothèse, du rapprochement des deux chapitres, de leur combinaison et de l'esprit, sinon de la lettre de la loi, il résulte évidemment que le testament ne doit pas tomber, s'il y a eu institution ou exhérédation (1).

L'avis de Julien fut suivi par d'autres juriconsultes, et à côté des posthumes Velléiens vinrent se placer les posthumes Juliens.

§ 2. — De quelques autres classes de quasi-posthumes.

I. — L'entrée de l'adopté dans la famille de l'adoptant fait tomber le testament que celui-ci aurait pu faire antérieurement à l'adoption. Du temps de Gaïus, ce résultat était inévitable : « Si quis post factum testamentum adoptaverit sibi filium, aut per populum eum qui sui juris est, aut per prætorem eum qui in potestate parentis fuerit, *omnimodo* testamentum ejus rumpitur, quasi agnatione sui heredis. Nec prodest si ille qui adoptatus est in eo testamento sit institutus; nam de exheredatione ejus

(1) Dig., l. 29, § 15, De liberis et postumis, XXVIII, 2.

supervacuum videtur quærere, quum testamenti faciendi tempore suorum heredum numero non fuerit (1). »

Il n'y a pas à se demander si l'adopté a été exhérédé dans le testament ; en effet, une exhérédation ne peut frapper que celui qui a le titre d'héritier sien ; ce titre, l'adopté ne l'a acquis que par l'adoption, et le testament était déjà fait à cette époque. Mais l'adopté avait pu être institué comme tout autre étranger. Cependant, Gaïus nous le dit positivement et, je crois en avoir donné plus haut la raison, malgré cette institution, le testament serait tombé au temps de ce jurisconsulte. Plus tard, on admit que, s'il y avait eu institution de celui qui serait ensuite adopté, cette institution suffirait pour empêcher la chute du testament (2).

A l'adopté il faut assimiler, dans le droit nouveau, l'enfant né *ex concubinatu,* qui, offert à la curie ou légitimé par mariage subséquent, acquérait le titre et les droits d'héritier sien.

II. — La puissance du père de famille ne cessait à l'égard de ses fils qu'après trois ventes successives. En supposant donc, par suite d'une émancipation émanée de celui auquel il avait été mancipé, la réintégration d'un fils sous la puissance de son père, il y avait rupture du testament fait par celui-ci avant la sortie du fils de la famille. Il en était ainsi au temps de Gaïus, lors même que ce testament aurait contenu à l'égard du fils une institution ou une exhérédation (3).

(1) Gaïus, Comment. II, §§ 138 et 140.

(2) Dig., l. 18, De injusto, rupto irritove facto testamento, XXVIII, 3.

(3) Gaïus, Comment. II, § 141.

Plus tard, on se montra moins exigeant : l'institution ou l'exhérédation prononcée dans le testament avant la mancipation du fils s'appliquait à lui lorsqu'il rentrait dans la famille.

III. — Un citoyen romain avait contracté mariage avec une pérégrine ou une Latine, mais il y avait erreur de sa part ; il croyait cette femme citoyenne romaine. Aux termes d'un sénatus-consulte rendu à ce sujet, il lui était permis de prouver son erreur, et il acquérait alors la puissance paternelle sur l'enfant né de ce mariage. Cet enfant devenait donc par là même héritier sien, et il y avait par conséquent rupture du testament fait antérieurement ; il en était ainsi alors même que ce testament aurait contenu une institution ou une exhérédation s'appliquant au fils. La rigueur du principe avait déjà fléchi, dans ce cas, au temps même de Gaïus. Sur la proposition d'Adrien, un nouveau sénatus-consulte avait été rendu, qui maintenait le testament contenant institution ou exhérédation, si la preuve de l'erreur n'était faite qu'après la mort du testateur, « ne scilicet, nous dit Gaïus, diligenter facta testamenta rescinderentur eo tempore quo renovari non possent (1). »

Il est probable que, dans ce cas comme dans les deux autres, on alla encore plus loin après Gaïus ; la tendance de la jurisprudence en cette matière en est une preuve presque certaine ; le testament dut demeurer, dans tous les cas, valable, pourvu qu'il y eût institution ou exhérédation prononcée.

IV. Enfin, une dernière classe de quasi-posthumes se

(1) Gaïus, Comment. II, § 143.

rencontrait. C'étaient les petits-enfants qui, par suite de la mort de l'aïeul, chef de la famille, se trouvaient sous la puissance de leur père, devenu *paterfamilias*.

Il y avait rupture du testament que celui-ci avait pu faire sur son pécule *castrans* ou *quasi castrans* ; mais ici la qualité d'héritier sien acquise par les enfants à l'égard de leur père était une conséquence de l'ordre naturel des choses; on appliquait la loi Velléia, et le testament restait efficace, pourvu que le testateur eût pris soin d'y prononcer l'institution ou l'exhérédation de ses enfants.

Nous en avons fini avec la nécessité imposée par le droit civil au père d'instituer ou d'exhéréder ses enfants ; mais le droit prétorien s'était aussi occupé de cette matière, et il nous faut en dire quelques mots avant de passer à la seconde partie de notre étude sur le droit romain.

CHAPITRE III.

DU DROIT PRÉTORIEN EN MATIÈRE D'INSTITUTION OU D'EXHÉRÉDATION DES ENFANTS ET DES POSTHUMES.

SECTION PREMIÈRE.

De la bonorum possessio contra tabulas.

Le droit prétorien s'attache au lien du sang, que le droit civil laisse de côté pour n'envisager que la *potestas*, la puissance qui rattache au chef de famille ceux qui lui sont soumis. Il en arrive, d'une part, à protéger plus énergiquement certaines personnes en puissance contre l'omission, d'autre part à secourir même certains membres de la famille, qui, sortis de la puissance du testateur, n'auraient obtenu aucun appui du droit civil.

I. Les héritiers siens, autres que le fils, c'est-à-dire la fille, le petit-fils, la petite-fille, nous l'avons vu, ne reçoivent du droit civil, en cas d'omission, que le droit de se mêler aux héritiers institués, *jus accrescendi*, et de recueillir une part plus ou moins forte selon la qualité de ces institués. Le préteur va plus loin : à la fille, au petit-fils, à la petite-fille, il donne la *bonorum possessio contra tabulas*, comme il la donnerait au fils lui-même. A ses yeux, le testament tombe tout entier; il ne s'arrête que devant une exhédération nominative de tous les mâles, quel que soit leur degré, et devant une exhéréda-tion soit nominative, soit *inter cæteros* des femmes. Cependant, à l'égard de celles-ci, un rescrit de l'empereur Antonin le Pieux vint enchaîner le bon vouloir du préteur; il défendit de leur rien accorder par la *bonorum possessio*, au delà de ce à quoi elles pouvaient prétendre en vertu des principes du droit civil. La défense ne portait que sur les héritiers du sexe féminin, le droit prétorien resta donc ce qu'il était à l'égard des mâles; et, pour que le testament fût valable en entier à ses yeux, le petit-fils dut y être nominativement exhérédé.

II. Les enfants, lors de la puissance du testateur, sont complétement abandonnés du droit civil; le droit prétorien, au contraire, veille avec sollicitude sur leurs intérêts : pas de distinction à ses yeux entre les enfants qui se trouvent dans la famille civile et ceux qui en sont sortis par une émancipation ou par toute autre cause; aux uns et aux autres il accorde, en cas d'omission, la *bonorum possessio contra tabulas* (1). Il l'accorde même à des enfants qui jamais n'ont été sous la puissance du testateur. En voici quelques exemples. Un grand-père émancipe son petit-fils ; il retient au contraire son fils sous sa puissance ; il meurt, et peu de temps après son fils le suit dans la tombe; jamais le petit-fils ne s'est trouvé sous la puissance de son père; cependant, il a droit, en cas d'omission, à la *bonorum possessio* contre le testament qu'il aurait fait (2). Il en serait de même en renversant l'hypothèse et en supposant l'émancipation du fils; sa mort arrivât-elle du vivant du grand-père, le petit-fils aurait droit à la *bonorum possessio* contre le testament de son père (3).

Ce n'est pas à l'émancipé lui-même que s'arrête la protection du droit prétorien, elle s'étend aussi sur les enfants de cet émancipé (4). Ainsi, un fils, après son émancipation, a eu un enfant; celui-ci, à la mort de son grand-père, et en supposant le prédécès de son père, jouira du bénéfice de la *bonorum possessio* (5); mais il n'en serait plus de même s'il s'agissait d'une adoption faite par le fils émancipé; aucun lien ne rattache, dans ce cas, l'adopté au testateur, et le droit prétorien le laisse de côté, comme le droit civil (6).

En supposant un fils et un petit-fils en dehors des liens de la famille civile, le petit-fils n'est admis à la *bonorum possessio* contre le testament du grand-père qu'au défaut

(1) Dig., l. I, § 6, De bonorum possessione contra tabulas, XXXVII, 4.
(2) Dig., l. 6, § 2, De bonorum possessione contra tabulas, XXXVII, 4
(3) Dig., l. 7, De bonorum possessione contra tabulas, XXXVII, 4.
(4) Dig., l. 3, De bonorum possessione contra tabulas, XXXVII, 4.
(5) Dig., l. 6, De bonorum possessione contra tabulas, XXXVII, 4.
(6) Dig., l. 21, § 2, De bonorum possessione contra tabulas, XXXVII, 4.

de son père; il faut supposer le prédécès de celui-ci, ou bien encore admettre qu'il a perdu ses droits de cité (1).

Si, au contraire, il y a eu émancipation du fils et maintien du petit-fils sous la puissance de son aïeul, alors la *bonorum possessio* appartiendrait au fils, d'après les principes du droit prétorien, au petit-fils d'après les règles du droit civil; une transaction a lieu dans ce cas, et ils sont appelés tous deux concurremment en vertu de l'édit *De conjungendis cum emancipato liberis ejus* (2).

En accordant aux enfants hors de la puissance la *bonorum possessio contra tabulas* en cas d'omission, le droit prétorien, comme le droit civil, refusait ce secours contre le testament qui prononçait l'institution ou l'exhérédation de ces mêmes enfants. Il laissait encore dans la position qui lui était faite par le testament l'enfant dont la déportation aurait rendu impossible l'institution comme héritier, celui qui n'avait été omis que dans son propre intérêt (et nous avons vu qu'il en pouvait être ainsi), celui qui avait passé dans une autre famille par l'adoption, ce qui n'eut plus lieu sous Justinien que lorsque l'adoptant était un ascendant, et enfin celui qui approuvait le testament.

Il y avait approbation du testament de la part de l'enfant omis lorsqu'il s'immisçait dans l'hérédité et y faisait acte de maître, ou bien encore lorsqu'il réclamait un legs qui lui était laissé par le testateur; au contraire, n'était pas considérée comme approbative l'adition forcée,

---

(1) Dig., l. 1, § 8, et l. 6, § 1, De bonorum possessione contra tabulas, XXXVII, 4.

(2) Dig., l. 6, § 3, De bonorum possessione contra tabulas, XXXVII, 4.

c'est-à-dire celle que faisait une personne sur l'ordre de celui à la puissance duquel elle était soumise.

L'enfant qui par lui-même ne peut obtenir la *bonorum possessio* profite de celle qui est accordée aux enfants en position de se la faire attribuer , et il vient en concours avec eux (1).

SECTION II.

De la bonorum possessio secundum tabulas.

Si le droit prétorien se montre, comme nous venons de le voir, plus facile que le droit civil pour faire, dans certaines hypothèses, tomber le testament, dans d'autres circonstances, au contraire, il maintient, au moyen de la *bonorum possessio secundum tabulas*, des testaments qui ne pourraient produire d'effet aux yeux du droit civil.

Le testament dans lequel un fils a été omis est nul pour le droit civil, et le fils vint-il à mourir ou à sortir de la famille avant le décès du père, le testament resterait nul. Telle était l'opinion des Sabiniens, opinion controversée du temps de Gaïus (2), mais qui a fini par l'emporter et se trouve seule reproduite aux Institutes (3). La naissance d'un posthume après la confection du testament le rompait, le faisait tomber; la mort ou la sortie de la famille de ce posthume, du vivant même du testateur, ne pouvait rendre à ce testament sa force, une fois qu'il l'avait perdue.

(1) Dig., l. 3, § 11, De bonorum possessione contra tabulas, XXXVII, 4.
(2) Gaïus, Comment. II, § 123.
(3) Instit., De exheredatione liberorum, lib. II, tit. XIII, princip.

Pour le préteur, au contraire, la cause qui occasionne la nullité ou la chute du testament cessant, le résultat qu'elle produit doit aussi cesser; le testament reprend sa force à ses yeux, et il accorde à l'héritier qui y est institué la *bonorum possessio secundum tabulas*.

Mais cette *bonorum possessio* est-elle toujours *cum re?* Donne-t-elle à celui auquel elle est accordée un moyen toujours sûr de se faire mettre en possession effective de l'hérédité? Oui, sans aucun doute, au temps de Justinien. Mais en avait-il toujours été ainsi? L'affirmative est enseignée par Pothier, M. de Savigny et M. Ducaurroy; M. Vernet, au contraire, se prononce pour la négative (1).

Pour soutenir son système, M. Vernet s'appuie sur un texte de Gaïus, qui résout évidemment la question dans le sens de la négative; c'est le paragraphe 148 du commentaire II de Gaïus; il est ainsi conçu : « Secundum tabulas testamenti quæ aut statim non jure factæ sint, aut jure factæ postea ruptæ vel irritæ erunt, bonorum possessionem accipiant, si modo possunt hereditatem obtinere, et habebunt bonorum possessionem cum re; si vero ab iis avocari hereditas potest, habebunt bonorum possessionem sine re. » Et Gaïus ajoute dans le paragraphe suivant, ce qui ne peut laisser aucun doute : « Nam si quis heres jure civili institutus sit, vel ex primo vel ex posteriore testamento, vel ab intestato jure legitimo heres sit, is potest ab iis hereditatem avocare; si vero nemo sit alius jure civili heres, ipsi retinere hereditatem possunt. »

(1) Traité de la quotité disponible, p. 82 et suiv.

Il résulte évidemment de ce texte que le préteur, malgré son bon vouloir pour l'héritier institué dans le testament qui, à ses yeux, n'avait été que pour un moment *injustum* ou *ruptum*, se trouve arrêté lorsqu'il se voit en présence d'un premier testament valable pour le droit civil ou en présence d'un héritier légitime. Il peut bien encore accorder à son protégé la *bonorum possessio*, mais c'est une *bonorum possessio* inefficace, une *bonorum possessio sine re*. Le préteur ne retrouve sa liberté d'action que lorsque l'héritier institué dans le testament prétorien est précisément l'héritier légitime, ou bien lorsqu'il ne trouve en face de lui qu'un ordre de successeurs prétoriens, l'ordre des cognats.

D'ailleurs, je le reconnais avec M. Vernet, dès le temps d'Adrien, et sans doute peu après le moment où Gaïus écrivait ses Commentaires, une constitution décidait que dans le cas où le testament aurait été *ruptum* d'après le droit civil, la *bonorum possessio* serait toujours accordée *cum re* par le droit prétorien (1); et Justinien, en ne reproduisant dans ses Institutes que le paragraphe 147 de Gaïus sans le faire suivre des paragraphes 148 et 149, étendit cette décision à l'hypothèse du testament *injustum* aux yeux du droit civil. Mais il reste démontré qu'il n'en fut pas toujours ainsi.

Une dernière remarque, en terminant. Quand il s'agit d'obtenir du préteur une faveur à l'égard d'un testament qui ne serait pas valable aux yeux du droit civil, il faut, et c'est une condition essentielle, que le testament ait été fait dans la forme prétorienne.

---

(1) Dig., l. 12, princip. De injusto, rupto irritove facto testamento, XXVIII, 3.

DEUXIÈME PARTIE.

De la querela inofficiosi testamenti.

PRÉLIMINAIRES.

Origine et nature de la querela inofficiosi testamenti.

La nécessité de l'institution ou de l'exhérédation des enfants avait été une première limitation mise par le droit romain au principe de liberté absolue posé par la loi des Douze Tables en fait de dispositions testamentaires. Mais, contre le mal qu'il s'agissait de prévenir, le remède était-il bien énergique? Non, assurément, et je ne saurais mieux le comparer qu'au frein que le législateur du Code Napoléon avait imaginé chez nous pour réprimer l'usure. L'article 1907 exigeait que, dans tout prêt à intérêt, le taux de l'intérêt fût fixé par écrit. Les rédacteurs du Code pensaient que la crainte de passer aux yeux de tous comme usurier arrêterait l'homme qui n'aurait pas rougi de l'être sans le paraître, comme les jurisconsultes romains croyaient que la honte de passer pour un père dénaturé empêcherait le testateur de prononcer sans justes motifs l'exhérédation expresse de ses enfants. Mais, en France, on ne se fit pas scrupule de prêter à gros intérêts; et, à Rome, on n'hésita pas à prononcer des exhérédations. De part et d'autre, il fallait contre le mal un remède plus énergique; on le trouva, chez nous, dans la loi du 3 septembre 1807; les Romains imaginèrent la *querela inofficiosi testamenti.*

La nécessité de l'exhérédation n'est donc qu'une formalité; cette formalité remplie, le père rentre dans toute la plénitude et dans toute la rigueur de son droit. C'est une protection bien souvent illusoire pour les enfants; et, toute faible qu'elle est, elle ne les défend pas contre le mauvais vouloir de tous ceux à la succession desquels ils ont droit de prétendre : ceux-là seulement qui ont la puissance paternelle sont soumis à la nécessité de l'exhérédation; les femmes et tous les ascendants maternels n'ont donc pour déshériter leurs enfants qu'à n'en point parler.

Enfin, si la liberté entière de disposer de ses biens paraît trop rigoureuse en présence d'enfants, il est aussi d'autres parents que l'on voudrait voir protégés par les lois.

Voilà trois reproches bien graves : à chacun d'eux la *querela inofficiosi testamenti* vient donner satisfaction : protection efficace à l'égard des enfants, protection les assurant contre le mauvais vouloir de tout ascendant quel qu'il soit, protection enfin s'étendant non-seulement aux enfants, mais encore à d'autres membres de la famille, tel est son but.

Le sentiment d'amour pour ses proches est inné chez l'homme; pour le fouler aux pieds, il faut de bien graves motifs, et celui qui le ferait par pur caprice, celui-là ne peut être comparé qu'à un fou. Tel fut le raisonnement qui conduisit à annuler le testament fait contre ce que l'on appelait à Rome l'*officium pietatis*.

Comment s'introduisit dans le droit romain cette seconde limitation au droit de libre disposition des biens par testament? Cujas pense que c'est une loi qui lui a donné naissance, la loi *Glitia*. Il se fonde sur la rubrique de la loi 4 au Digeste du titre *de inofficioso testamento,* « *Gaius libro singulari ad legem Glitiam.* » — « *Fragment extrait du commentaire de Gaius sur la loi Glitia.* » Mais c'est la seule mention que le droit romain fasse de cette loi, et n'est-il pas bien hypothétique de se fonder sur une rubrique qui peut avoir été altérée? N'est-il pas plus naturel de donner pour origine à la *querela inofficiosi testamenti*, comme à la nécessité de l'exhérédation, la coutume et le travail de la jurisprudence? D'ailleurs que nous dit Justinien aux Institutes? « Quia plerumque parentes sine causa liberos suos exheredant vel omittunt, *inductum* est ut de inofficioso testamento agere possint liberi, qui queruntur aut inique se exheredatos aut inique præteritos, *hoc colore* quasi non sanæ mentis fuerint, quum testamentum ordinarent. » Il résulte évidemment de ces mots *inductum est* et *hoc colore* que la *querela inofficiosi testamenti* a bien sa source dans l'interprétation des prudents. L'usage s'est introduit; on s'est servi d'un raisonnement, on a pris un prétexte pour l'introduire. Quand il s'agit d'une loi, est-il surtout question de prétexte et de fiction? Non, une loi ne prend pas de détour pour arriver à son but; elle ordonne.

Quoi qu'il en soit de l'origine de la *querela inofficiosi testamenti,* ce qui est bien certain, c'est qu'elle existait déjà dans les derniers temps de la république. La preuve en est dans un passage de Cicéron. « Jure, legibus, auctoritate omnium qui consulebantur, testamentum P. Annius fecerat non improbum, *non inofficiosum*, non inhumanum (1) ».

Valère Maxime après lui cite plusieurs exemples de testaments annulés comme inofficieux au temps de Pompée (2).

Pour arriver à faire tomber le testament fait contre l'*officium pietatis*, les jurisconsultes romains ont assimilé le testateur à un insensé; mais d'importantes différences séparent cependant le cas où il y a véritable folie du testateur et celui où il n'y a qu'une fiction de folie.

1° Si le testateur est fou, son testament est absolument nul. Au contraire, le testament qui blesse l'*officium pietatis* ne tombe que si la *querela* est intentée par les héritiers du sang qui y ont droit.

2° Pour attaquer le testament d'un fou, il n'y a pas de délai fatal. Passé un certain temps, il y a déchéance du droit d'intenter la *querela*.

3° Le testament d'un fou ne révoque pas le testament précédemment fait; celui-ci reste efficace si le testateur était dans son bon sens à l'époque de sa confection. Au contraire, si nous supposons une personne qui a fait un premier testament parfaitement valable, puis un second susceptible d'être rescindé pour cause d'inofficiosité, il y aura, quoi qu'il arrive, rupture ou révocation du premier testament par le second; en effet, bien que contraire à l'*officium pietatis*, il est *jure factum*.

---

(1) Cicéron, deuxième harangue contre Verrès, § 42.

(2) Valère-Maxime, l. VII, ch. 7.

Par l'effet de la *querela* le testament tombe et il y a ouverture de la succession ab intestat : c'est donc, de la part des héritiers du sang, une véritable pétition d'hérédité. Mais le but qu'ils se proposent d'atteindre n'est pas uniquement la revendication des biens du défunt; ils veulent aussi montrer que leur exclusion était injuste, qu'elle constituait une injure à leur égard. Aussi la *querela inofficiosi testamenti* emprunte-t-elle à l'action d'injure des règles qui la distinguent d'une pétition d'hérédité ordinaire. Ainsi, les légitimaires ne jouissent pas d'une action perpétuelle; le droit d'intenter la *querela* ne passe aux héritiers du légitimaire que s'il y a eu de sa part un commencement d'action.

La *querela* est donc une pétition d'hérédité mélangée d'action d'injure.

La *querela* se portait devant le tribunal des centumvirs, qui conserva, jusqu'à l'abolition de l'*ordo judiciorum* sous Dioclétien, la connaissance de toutes les questions d'hérédité.

CHAPITRE PREMIER.

SECTION 1re.

Quels testaments peuvent être attaqués comme inofficieux.

Tous les testaments peuvent en règle générale tomber sous le coup de la *querela inofficiosi testamenti*. Peu importe qu'ils émanent de personnes qui ont la puissance paternelle ou de personnes qui ne peuvent l'avoir; l'omission de la part de la mère ou d'un ascendant maternel équivaut à l'exhérédation prononcée par le père ou par un ascendant paternel; mais, de même que la *querela* fait tomber l'exhérédation injustement prononcée, de même aussi l'enfant peut attaquer par ce moyen le testament dans lequel il a été omis sans motif par un ascendant qui n'était pas soumis à la nécessité de l'institution ou de l'exhérédation.

Il faut toutefois à cette règle générale faire deux exceptions : la première pour les testaments militaires, la seconde pour les testaments faits par un père au nom de son enfant impubère, en vertu des principes sur les substitutions pupillaires.

I. — *Testament militaire.* — Les militaires jouissent de priviléges nombreux au point de vue du droit de disposer de leurs biens par testament; l'un de ces priviléges est précisément l'impuissance de la *querela inofficiosi testamenti* contre le testament militaire. Cette impuissance est complète; elle ne souffre aucune exception. Fût-ce même un soldat qui se plaignît de l'atteinte portée à l'*officium pietatis*, il ne peut faire tomber les dispositions dont il souffre, s'il s'agit d'un testament fait par un individu qui est lui-même soldat (1).

Les priviléges qui entourent le testament militaire, le maintiennent dans toute sa force pendant l'année qui suit la sortie du service. Si le vétéran meurt avant la fin de cette année, son testament reste hors de l'atteinte de la *querela;* mais, une fois l'année écoulée, le militaire

(1) Dig., l. 27, § 2, De inofficioso testamento, v, 2.

rentré dans ses foyers a dû refaire son testament selon les règles ordinaires; ce testament ainsi refait ou même le testament fait pendant son temps de service, si le testateur avait laissé de côté les faveurs accordées aux militaires pour suivre les règles imposées à tous les citoyens, est en tous points semblable pour ses effets à celui d'un simple particulier. S'il blessait l'*officium pietatis*, il tomberait sur la réclamation de ceux qui ont droit à la *querela inofficiosi testamenti*. Il en est ainsi, lors même que la fortune du vétéran ne se composerait que de biens acquis à la guerre et par suite même de sa qualité de soldat (1).

Les vétérans fils de famille sont, sous ce rapport, plus favorisés que les vétérans pères de famille. En effet, le fils de famille militaire peut tester sur son pécule *castrans*, et le testament qu'il fait ne tombe pas sous le coup de la *querela;* or, comme au point de vue du droit de tester, sauf l'emploi nécessaire des formes du testament ordinaire, les fils de famille vétérans sont assimilés sans restriction aucune aux fils de famille encore au service, il faut bien conclure que la *querela* ne s'applique pas au testament fait par un fils de famille sur son pécule *castrans*, même après son congé.

Les règles concernant le pécule *castrans* furent étendues au pécule *quasi castrans*. Toutefois Justinien décida qu'en disposant de ce pécule, les prêtres, les diacres et les clercs devaient conserver la légitime à leurs enfants et à leurs père et mère (2).

---

(1) Dig., l. 8, § 3, De inofficioso testamento, v, 2.
(2) Novelle 123, ch. 19.

II. — *Testament fait en vertu de la substitution pupillaire.* — Le père de famille peut faire en même temps que son testament celui de son fils pour le cas où celui-ci viendrait à mourir après lui, avant d'avoir atteint l'âge de la puberté. Pour donner prise à la *querela,* il faut que le testament émane de celui même duquel il règle la succession. La mère ne peut donc attaquer le testament de son enfant impubère. Un frère, en pareille hypothèse, ne peut intenter la *querela* contre le testament de son frère; mais, s'il y avait lieu pour lui de s'attaquer aux dispositions mêmes du père, dans ce cas il frapperait du même coup le testament de son frère, et ce testament tomberait avec celui du père dont il n'est que *pars et sequela.* Toutefois, remarquons-le bien, pour arriver à ce résultat, il faut que le testament du père tombe tout entier (1).

SECTION II.

A qui est accordée la querela inofficiosi testamenti.

Trois classes de personnes ont droit à la *querela inofficiosi testamenti* : 1° les descendants; 2° les ascendants; 3° les frères et sœurs.

§ 1er. — Descendants.

Parmi les personnes auxquelles est attribuée la *querela inofficiosi testamenti* et en première ligne se placent

(1) Dig., l. 8, § 5, De inofficioso testamento, v, 2.

les descendants. Tout enfant appelé à la succession *ab intestat* est protégé par la *querela*, sans qu'il y ait à distinguer si sa vocation lui vient du droit civil, du droit prétorien ou des constitutions impériales.

Ainsi, à l'égard du père pas de distinction entre les enfants qu'il a sous sa puissance et ceux qui, après y avoir été, en sont sortis par l'émancipation.

A l'égard de la mère, la *querela* suivit les vicissitudes de la législation romaine sur la réglementation de sa succession. Les enfants n'y eurent d'abord droit qu'au cas où ils se trouvaient être ses agnats, ce qui arrivait lorsque la femme était vis-à-vis de son mari *loco filiæ* par suite de la *manus*. Depuis le sénatus-consulte Orphitien, les enfants peuvent toujours attaquer comme inofficieux le testament de leur mère ; il n'y a pas de distinction à faire entre les enfants légitimes et les enfants naturels ; à l'égard de la femme, les enfants, quels qu'ils soient, se trouvent dans la même position (1). Toutefois, Justinien décida que les *spurii* d'une femme illustre, quand d'ailleurs elle aurait des enfants légitimes, ne pourraient rien recevoir de leur mère ni élever aucune prétention sur sa succession (2).

Au lieu d'enfants s'agit-il de petits-enfants ? Les droits des petits-enfants par les mâles ont toujours été ceux qui auraient appartenu à leur père prédécédé ; quant aux petits-enfants par les femmes, la constitution de Valentinien, Théodose et Arcadius, qui leur donne des droits

(1) Dig., l. 29, § 1, De inofficioso testamento, v, 2.

(2) Code, l. 5, ad senatusconsultum Orphitianum, vi, 57

de succession, leur attribua en même temps la *querela inofficiosi testamenti* (1).

Les posthumes, comme les enfants déjà nés au moment de la mort du testateur, peuvent intenter la *querela inofficiosi testamenti*. Le droit des posthumes ne se borne pas à pouvoir attaquer le testament de ceux à l'égard desquels, en supposant la prolongation de leur existence, ils se seraient trouvés héritiers siens; il peuvent même s'en prendre au testament de personnes auxquelles ils sont unis par le lien du sang sans que ce lien se trouve corroboré par celui de la parenté civile, je veux parler des ascendants maternels. Mais, dira-t-on, comment imputer comme faute à quelqu'un de n'avoir pas fait ce qu'il ne pouvait faire? L'enfant qui naît après la mort de son ascendant maternel est à son égard un posthume externe; reprocher à l'ascendant maternel de n'avoir pas institué ce posthume, c'est lui reprocher de n'être pas mort intestat? A cette objection la réponse est facile. Il est vrai que le droit civil ne permet pas l'institution d'un posthume externe, mais le droit prétorien la permet et l'entoure de sa protection; à la naissance du posthume, le préteur lui accorde la *bonorum possessio secundum tabulas*. Il n'est donc pas exact de dire que l'ascendant maternel, si on accorde la *querela* à son petit-enfant posthume, se trouve dans l'impossibilité de faire son testament (2).

Quelle est relativement à la *querela inofficiosi testamenti* la situation des enfants adoptifs? Avant Justinien,

(1) Code théodosien, constit. 4, livre v, tit. I.

(2) Dig., l. 6, De inofficioso testamento, v, 2.

l'adopté sort de sa famille naturelle pour entrer dans celle de l'adoptant; il perd par là le droit qu'il avait d'attaquer comme inofficieux le testament de son père naturel. Toutefois, si l'adopté avait été émancipé par l'adoptant avant la mort de son père naturel, l'adoption serait considérée comme non avenue par le préteur, et la *querela* renaîtrait au profit de l'enfant contre le testament de son père naturel.

Si, au contraire, l'adopté est demeuré dans sa nouvelle famille jusqu'à la mort de son père adoptif, c'est contre le testament de celui-ci qu'il peut intenter la *querela inofficiosi testamenti*.

Une troisième hypothèse est possible : l'adopté peut n'avoir été émancipé par l'adoptant qu'après la mort de son père naturel; dans ce cas, il se trouvait complétement dépouillé, ne pouvant attaquer ni le testament de l'adoptant ni le testament de son père naturel. C'est principalement la considération de ce résultat rigoureux, c'est en vue de cette situation malheureuse d'un individu qui s'était successivement trouvé dans deux familles sans ne plus tenir à aucune, que Justinien changea les règles de l'adoption. L'adopté dès lors, à moins que l'adoptant ne soit un de ses ascendants naturels, ne sort plus de sa première famille. Si donc nous ne nous trouvons pas dans l'hypothèse spéciale de l'adoption faite par un ascendant, l'adopté n'a plus la *querela inofficiosi testamenti* contre le testament de son père adoptif, mais il conserve au moins le droit de faire tomber comme inofficieux le testament de son père naturel.

Cependant, dans le droit même de Justinien, l'adoption, dans un cas, produit encore ses anciens effets; c'est lorsqu'il s'agit d'un petit-fils donné en adoption à un étranger, et lorsqu'au moment de la mort de son aïeul, ce petit-fils se trouve précédé dans sa famille naturelle par son père resté sous la puissance du testateur. L'enfant passe alors, mais alors seulement, sous la puissance de l'étranger qui l'a adopté, et il a dès lors contre son testament la *querela inofficiosi testamenti.*

L'adoption fut longtemps interdite aux femmes; une Constitution de Dioclétien et de Maximien (1) leur permit, avec l'autorisation du prince, d'adopter *in solatione liberorum amissorum,* pour les consoler de la perte de leurs enfants. Mais l'enfant adoptif d'une femme trouve-t-il dans la *querela inofficiosi testamenti*, la confirmation des droits de succession *ab intestat* qu'il acquiert à l'égard de celle qui l'adopte? Cela me paraît évidemment résulter de la Constitution même de Dioclétien et de Maximien et aussi d'un fragment d'Ulpien, interpolé par Tribonien.

En effet, que disent les empereurs Dioclétien et Maximien? « Eum perinde atque ex te progenitum, ac vicem naturalis legitimique filii habere permittimus. » Ils assimilent complétement l'enfant adopté par une femme à celui qui se rattacherait à elle par les liens de la maternité naturelle. De plus, que voyons-nous dans la loi 29, § 3, au Dig. *De inofficioso testamento?* « Une femme, y est-il dit, ne peut adopter sans l'autorisation de l'empereur; celui qui se croirait à tort son enfant adoptif ne pourrait attaquer son testament. » Qu'en résulte-t-il par *à contrario?* Évidemment ceci : si l'autorisation de l'empereur a été obtenue, l'adoption est valable; ce n'est plus

(1) Code, l. 5, De adoptionibus, VIII, 48.

à tort que l'enfant invoque les droits d'un fils adoptif; il peut donc attaquer par la *querela* le testament dans lequel serait violé *l'officium pietatis* (1).

L'adrogé impubère n'avait pas droit à la *querela inofficiosi testamenti;* en effet, comme nous le verrons plus tard, cette plainte n'était accordée qu'à la dernière extrémité, et l'adrogé impubère trouvait une protection spéciale dans la quarte Antonine.

§ 2. — Ascendants.

A défaut de descendants, le droit d'attaquer le testament comme inofficieux, est attribué aux ascendants appelés à la succession *ab intestat.* « En effet, dit la loi 15, au Digeste, *De inofficioso testamento*, bien que le vœu de la nature, celui même des parents, soit que les enfants succèdent à leurs parents, et non les parents à leurs enfants, cependant, si la mort n'a pas suivi la loi qui devait diriger ses coups, *l'officium pietatis* oblige les enfants à laisser leurs biens à leurs parents, comme il oblige les parents à laisser leur fortune à leurs enfants. »

Il faut supposer l'enfant de la succession duquel il s'agit, mort *sui juris* hors de la puissance paternelle; car, s'il en était autrement, il n'aurait pu disposer que des biens composant son pécule *castrans*, ou son pécule *quasi castrans*, et, nous l'avons vu, le testament fait sur l'un ou l'autre de ces pécules n'était pas soumis à la *querela inofficiosi testamenti.*

I. *Ascendants paternels.* — Première hypothèse. — Le testateur est un enfant émancipé.

---

(1) *Sic* M. Ducaurroy, t. I, n° 188. M. Vernet, p. 106.

Nous savons comment s'opère la mise du fils hors de la puissance paternelle par l'émancipation. La loi des Douze Tables établit en principe, que le père qui vend trois fois son fils, perd à son égard son droit de puissance paternelle. En conséquence, le père qui veut émanciper son fils, le vend trois fois de suite à un ami; après la troisième vente, la puissance du père est éteinte; l'acheteur a sur l'enfant la puissance qu'il aurait sur un esclave; il l'affranchit et devient son patron. Cette qualité de patron, avantageuse à certains égards, le père voudrait peut-être bien l'avoir lui-même; dans ce cas, il ne vend son fils pour la troisième fois qu'à une condition, c'est que l'acheteur le lui revendra à son tour; c'est alors lui, père, qui fait l'affranchissement et qui acquiert la qualité de patron; on dit alors que la vente est faite *contracta fiducia*.

Qu'on ait employé ou non la clause de fiducie, le père a toujours droit, à défaut de descendants, à la succession de son fils et à la *querela inofficiosi testamenti;* mais il n'y a pas droit de la même manière dans l'un et l'autre cas.

S'il n'y a pas eu de fiducie, le père doit recourir à la *bonorum possessio unde decem personæ*, par laquelle le préteur appelle les dix cognats les plus proches de l'émancipé, de préférence à son patron, le *manumissor extraneus*. Au contraire, s'il y a eu emploi de la clause de fiducie, le droit civil lui-même donne au père, en sa qualité de patron, la succession *ab intestat* à défaut de descendants de l'émancipé.

Le préteur accorde au patron, omis dans le testament de son affranchi, la *bonorum possessio contra tabulas* pour la moitié de la fortune; Justinien la réduisit au tiers pour le cas où l'affranchi laisserait plus de cent sous d'or. L'ascendant émancipateur avec clause de fiducie, en sa qualité de patron, a droit à cette protection. Mais, nous avons déjà eu occasion de le dire en parlant de l'adrogé impubère, et nous le verrons plus loin avec détails, la *querela* n'est accordée qu'à la dernière extrémité, à défaut de tout autre moyen pour arriver à recueillir le quart au moins de la succession. Cependant les textes attribuent à la fois à l'ascendant émancipateur *contracta fiducia*, et le droit d'intenter la *querela* en sa qualité d'ascendant, et la *bonorum possessio contra tabulas dimidiæ partis*, en sa qualité d'émancipateur. « Patrem autem, accepta contra tabulas bonorum possessione, et jus antiquum quod et sine manumissione habebat, posse sibi defendere Julianus scripsit; nec enim nocere debet quod jura patronatus habebat, quum sit et pater (1). »

Ce texte, en même temps qu'il se décide pour le cumul des deux droits, nous en laisse apercevoir la raison. Le droit d'intenter la *querela* pour le père émancipateur nous est représenté comme un *jus antiquum;* il avait été introduit par les prudents avant que le préteur eût songé à protéger le patron par la *bonorum possessio dimidiæ partis* contre le testament de son affranchi. Or, on sait que dans la législation romaine les institutions nouvelles ne renversaient presque jamais les anciennes, quoique souvent elles y parussent contraires. Obéissant à cette répugnance pour l'abrogation, le préteur aura laissé subsister le *jus antiquum* accordé au père dans la *que-*

(1) Dig., l. 1, § 6, Si a parente quis manumissus sit, XXVII, 12.

rela inofficiosi testamenti, tout en établissant une protection à laquelle il se trouvait obligé de le faire participer.

Deuxième hypothèse. Le fils a été donné en adoption ; il est mort dans sa famille adoptive.

Il n'y a pas d'application possible de la *querela,* l'adopté est mort fils de famille ; il n'a pu tester que sur son pécule *castrans* ou *quasi-castrans*.

Troisième hypothèse. Le fils a été donné en adoption, mais avant sa mort, il est sorti de la famille adoptive.

L'adopté est-il devenu *sui juris* par son élévation à certaines dignités ou bien par la mort, la grande ou la moyenne *capitis deminutio* de l'adoptant, le père naturel a droit à la *querela,* s'il a été omis dans le testament de son fils ; mais ce sera le plus souvent pour lui un droit illusoire. En effet, pour intenter la *querela,* il doit se trouver en ordre de succéder ; et il n'est appelé qu'au troisième rang par la *bonorum possesio unde cognati.* Nous supposons, il est vrai, le défaut du premier ordre d'héritiers *ab intestat,* les descendants ; mais il faudrait encore que le père ne trouvât personne dans le second, et il se compose de tous les agnats que le fils a pu trouver dans sa nouvelle famille.

Si la sortie de la famille adoptive est le résultat pour le fils d'une émancipation, il faut distinguer selon que le père adoptif a fait ou n'a pas fait emploi de la clause de fiducie. Dans le premier cas, il est, en sa qualité de patron, appelé en second ordre à la succession, et l'on ne peut dire qu'il soit un *manumissor extraneus ;* le père naturel ne vient qu'en troisième ligne, comme cognat : si au contraire, l'émancipation a eu lieu sans emploi de la clause de *fiducie,* le père naturel se trouve alors en présence d'un *manumissor extraneus* et lui est préféré, grâce à la *bonorum possessio unde decem personæ.*

II. — *Ascendants maternels.* — Avant le sénatus-consulte Tertullien, tous les ascendants maternels sans distinction sont appelés à la succession de leur enfant ou descendant dans l'ordre des cognats. A ce titre, mais à ce titre seulement, ils ont droit à la *querela.*

Le sénatus-consulte Tertullien, rendu sous Adrien, vint améliorer la position de la mère; dans certains cas et sous certaines conditions dont l'explication nous entraînerait trop loin, elle l'appelle dans l'ordre des agnats, et c'est dans cet ordre qu'elle put, à partir de cette époque, intenter la *querela inofficiosi testamenti.*

§ 3. — Frères et sœurs.

Dans l'ancien droit, les frères agnats ont seul droit à la *querela inofficiosi testamenti.* Les sœurs consanguines, bien qu'appelées à la succession *ab intestat,* ne peuvent attaquer comme inofficieux le testament dans lequel elles auraient été omises. Il en fut ainsi jusqu'à Justinien et malgré la Constitution d'Anastase, en 498, qui conservait aux frères et sœurs émancipés le droit de recueillir pour les trois quarts la succession *ab intestat* de leur frére ou de leur sœur prédécédés.

Justinien, en 528, accorde la *querela inofficiosi testamenti* à tous les frères et sœurs consanguins, sans plus distinguer s'ils sont ou non agnats, *durante agnatione vel non.* Les frères et sœurs utérins, bien qu'appelés par lui à la succession *ab intestat* de leur frère ou de leur sœur, sont encore exclus du droit de faire tomber comme inofficieux le testament dans lequel ils auraient été omis ; ce droit ne leur fut accordé que plus tard par la Novelle 118, qui supprima toute différence entre les parents paternels et maternels.

Une différence très-grande sépare l'ordre des descendants et celui des ascendants de l'ordre des frères et sœurs au point de vue de l'obtention de la *querela inofficiosi testamenti.* C'est contre tout héritier institué que les parents en ligne directe peuvent l'intenter. Le testateur n'est jamais excusable d'avoir omis sans motifs ses enfants, ou ses ascendants : son testament doit tomber. Au contraire, pour que, sur la plainte des frères et sœurs, ce résultat se produise, il faut qu'ils se trouvent en présence d'un héritier noté d'infamie. Ce n'est pas tant leur exclusion qui leur donne droit à la *querela* que la préférence accordée par le testateur à une personne non honorable (1).

L'honneur, l'*existimatio* du citoyen romain peut subir trois sortes d'atteinte. L'*infamia* résulte de l'exercice de certaines professions expressément désignées par la loi ou par l'édit du préteur; elle est aussi la conséquence de certaines condamnations. La *turpitudo* se produit dans certains cas dans lesquels, malgré le silence de la loi ou de l'édit, les mœurs, plus susceptibles que le droit écrit, déclarent l'honneur altéré. Enfin la *levis nota* est la tache des affranchis et des enfants des comédiens (2).

---

(1) Code, l. 27, De inofficioso testamento, III, 28.
(2) M. Ortolan, *Généralisation du droit romain*, ch. III, n° 24.

§ 4. — Dévolution de la *querela*.

Il peut arriver que l'héritier auquel est attribuée la *querela* renonce à l'exercer, ou bien que, l'ayant intentée, il succombe, parce que son omission ou son exhérédation se sera trouvée justifiée. Que va-t-il se passer dans ce cas? En d'autres termes, quelles sont les règles qui régissent la dévolution de la *querela inofficiosi testamenti?*

I. Y a-t-il dévolution d'un ordre à l'autre, par exemple, de l'ordre des descendants à celui des ascendants?

L'affirmative, d'abord controversée, à ce qu'il paraît, finit par l'emporter. « Si is qui admittitur ad accusationem nolit aut non possit accusare, an sequens admittatur videndum est; et placuit posse, ut fiat successioni locus (1). »

C'est Paul qui pose le principe; Papinien nous en donne une application (2).

Un homme a un fils et un petit-fils; il émancipe le premier et retient le second en sa puissance. Postérieurement à l'émancipation, le fils a un second enfant. Il fait son testament; il y exhérède ses deux enfants; quant à son père, il n'en parle pas. Il meurt; le testament peut être attaqué comme inofficieux, et cela à un double titre, puisqu'il y a exhérédation des enfants et omission du père. Dans l'obtention de la *querela*, l'ordre des descendants passe avant celui des ascendants; le père devra attendre la solution de la *querela* exercée par ses petits-

(1) Dig., l. 31, princip., De inofficioso testamento, v, 2.
(2) Dig., l. 14, De inofficioso testamento, v, 2.

enfants. Triomphent-ils ; tout est terminé. Succombent-ils, au contraire, dans leur demande ; alors celle du père arrive en ordre utile.

Voilà bien le principe de la dévolution d'un ordre à l'autre clairement posé et clairement appliqué.

Cependant, il ne faut pas abuser de ce principe de dévolution de la *querela inofficiosi testamenti*, et en faire un emploi irréfléchi. Supposons, par exemple, un testateur qui institue son fils et omet son père ; le fils, à raison même de son institution, se trouve dans l'impossibilité d'exercer la *querela inofficiosi testamenti ;* le père va-t-il y être admis à sa place? Non, certainement ; et à quoi lui servirait de faire tomber le testament qui l'omet? Ce serait encore le fils du défunt qui se trouverait au premier rang pour recueillir *ab intestat* les biens qu'il était appelé à recevoir comme héritier *ex testamento*.

Si j'insiste sur ce point, c'est qu'un texte paraît, au premier abord, conduire à cette solution erronée. C'est la loi 31, § 1, au Digeste, *De inofficioso testamento :* « Quantum ad inofficiosi liberorum vel parentum querelam pertinet, nihil interest quis sit heres ex liberis, an extraneis vel municipibus. »

Il ne faut évidemment pas prendre ce texte à la lettre ; il faut l'entendre dans un sens distributif. La *querela* est-elle exercée par le fils du testateur ; peu importe la qualité de l'héritier : le demandeur triomphera d'un autre enfant du testateur aussi bien que d'un étranger ou d'un municipe. Est-ce le père qui agit ; il n'y a pas à tenir compte de la qualité de l'institué : simple particulier ou municipe, personne privée ou personne morale, il succombera également. D'ailleurs, cette interprétation est confirmée par le texte des *Basiliques* et par la scolie qui s'y rattache ; elle est ainsi conçue : « Hoc intellige, si liberi agunt de inofficioso, quippe pater, filio herede scripto, non potest agere de inofficioso. »

II. Y a-t-il dévolution, dans le même ordre, d'un degré à l'autre? De nombreux auteurs se prononcent sans hésiter pour l'affirmative; ils s'appuient sur la généralité du texte de Paul, que j'ai cité plus haut. Mais, en présence d'une constitution de Justinien, il me paraît impossible d'admettre cette opinion. Cette constitution forme la loi 34, au Code, *De inofficioso testamento*, livre 3, titre 28. Voici l'hypothèse : Un homme exhérède son fils et institue pour héritier un étranger. Plus tard, il lui survient un petit-fils ; le testateur meurt, et, avant que l'héritier n'ait fait adition, son fils le suit dans la tombe. Le petit-fils, ajoute Justinien, et c'est ce qu'il faut bien remarquer, le petit-fils est complétement dépouillé, il ne trouve rien qui puisse lui venir en aide, *omne adjutorium nepotem dereliquit*. Que fait alors l'empereur? Il accorde à ce petit-fils le droit d'intenter la *querela*, à laquelle son père avait droit, et si celui-ci n'a pas donné au testateur des motifs de l'exhéréder, s'il n'a pas reçu sa légitime, le testament tombera, et le petit-fils viendra à la succession *ab intestat*.

Voilà qui est, ce me semble, bien positif. Mais, me dit-on, cette constitution de Justinien ne prouve pas, comme vous le prétendez, que le petit-fils n'avait pas, dès auparavant, le droit d'intenter la *querela inofficiosi testamenti ;* il n'est question, dans la loi 34, que de la transmission de la plainte d'inofficiosité personnelle au fils, et nullement de la plainte personnelle au petit-fils qu'il pouvait intenter, même avant la constitution de Justinien, lorsque son père était mort sans avoir intenté ou manifesté l'intention d'intenter l'action qui lui était personnelle. Je demande alors à quoi bon donner au petit-fils le droit d'attaquer au nom de son père le testament de son grand-père, quand, sans aller chercher si loin, il trouve en lui-même le droit de le faire crouler? je demande surtout comment on explique ces mots de Justinien : « Omne adjutorium nepotem dereliquit. » Que répond-on? Une chose bien bizarre : Justinien est venu au secours des petits-enfants qui auraient eu des torts envers leur grand-père, mais dont le père aurait été injustement exhérédé. Certes, voilà qui est singulier ; et il vaut mieux, je crois, admettre qu'il n'y avait pas, avant Justinien, de dévolution de la *querela* d'un degré à l'autre, que d'être obligé, pour repousser cette opinion, d'arriver à une pareille réponse. Je ne puis admettre que Justinien n'ait eu pour but que de protéger des petits-enfants qui méritaient d'être privés de la succession. Au contraire, il se trouve en présence de petits-enfants qui subissent une éviction injuste; ils ne trouvent pas en eux le droit d'intenter la *querela*, Justinien le leur accorde. Mais de qui prendra-t-on la conduite en considération pour savoir s'il y a ou non lieu de rescinder le testament? Du père. Qui ne devra pas avoir reçu la légitime? Le père. Ne sont-ce pas là autant de preuves manifestes de l'état du droit avant Justinien? Jamais il n'y avait eu dévolution de la *querela ;* jamais on n'y avait pensé, à tel point que, lorsque Justinien veut protéger les petits-enfants, il ne pense pas même à leur accorder une *querela* qui leur soit propre.

Non, il leur transmet celle que leur père aurait été en droit d'intenter.

Plus tard, s'occupant encore de cette transmission de la *querela inofficiosi testamenti*, Justinien s'exprime encore de la même façon : « In medio tempore, id est a morte quidem testatoris, sed ante aditam hereditatem, si decesserit filius, hujusmodi querelam, licet se non præparaverit, ad suam posteritatem transmittet ; ad extraneos vero heredes tunc tantummodo quando antiquis libris insertam faciet præparationem (1). »

En résumé, il y avait dévolution de la *querela* d'un ordre à l'autre, et c'est ainsi qu'il faut entendre la loi 31, *De inofficioso testamento*, au Digeste ; mais la dévolution n'existait pas de degré à degré ; et cela peut-il paraître étonnant, si l'on songe que c'était précisément ce qui se passait dans la dévolution de la succession légitime ? « Successio in suis heredibus non est (2). » — « In hereditate legitima successioni locus non est (3). » N'est-il pas, au contraire, tout naturel qu'en l'introduisant peu à peu dans les mœurs, les prudents aient donné au droit d'attaquer les testaments comme inofficieux une analogie parfaite avec les règles du droit civil sur les successions *ab intestat ?* A quoi aurait servi d'ailleurs d'accorder à quelqu'un le droit de faire tomber la succession des mains de l'héritier institué, s'il n'avait pas été ensuite capable de la ramasser ? C'eût été un *sic vos non vobis* perpétuel, et tel ne put être le but des jurisconsultes romains.

(1) Code, l. 36, § 2, De inofficioso testamento, III, 28.

(2) Dig., l. 1, § 8, De suis et legitimis heredibus, XXXVIII, 16.

(3) Paul, *Sentences*, IV, 23.

SECTION III.

Contre qui est intentée la querela inofficiosi testamenti.

En principe, la *querela* s'exerce contre l'héritier institué et après qu'il a fait adition. Jusqu'à cette époque, en effet, il n'est pas certain que le testament produise son effet, et, avant de donner à l'héritier du sang un moyen de parer au danger de se voir dépouillé, il faut au moins que ce danger existe. Mais, par suite de cette nécessité de l'adition d'hérédité pour l'exercice de la *querela*, les choses peuvent rester longtemps en suspens. Aussi Justinien fixe-t-il un délai dans lequel l'héritier institué doit forcément se prononcer. Ce délai est de six mois ou d'un an, selon que l'héritier institué et l'héritier du sang habitent ou non la même province (1).

Par exception, la *querela* est quelquefois intentée contre d'autres personnes que l'héritier institué. Les textes nous en offrent deux exemples. Un père a deux fils sous sa puissance, il émancipe l'un d'eux; puis, dans son testament, il exhérède l'enfant qui est resté sous sa puissance et ne parle pas de l'émancipé. Celui-ci enlève à l'héritier institué la totalité de la succession au moyen de la *bonorum possessio contra tabulas*. C'est contre lui que son frère exhérédé intente la *querela*, et, en cas de succès, il obtient la moitié de succession à laquelle il a droit (2).

---

(1) Code, l. 36, § 2, De inofficioso testamento, III, 28.

(2) Dig., l. 20, pr., De bonorum possessione contra tabulas, XXVII, 4.

Ou bien, c'est un fils émancipé qui exhérède sa fille et omet son père. Il y avait eu, lors de l'émancipation, emploi de la clause de fiducie ; le père obtient donc, en sa qualité de patron, contre l'héritier institué la *bonorum possessio contra tabulas dimidiæ partis*. Quand donc il s'agit pour la fille d'exercer la *querela inofficiosi testamenti*, elle doit l'intenter partie contre son grand-père, partie contre l'héritier institué (1).

Y a-t-il eu fidéicommis? La *querela* s'exerce tantôt contre le fidéicommissaire seul, tantôt contre lui et l'héritier institué grevé du fidéicommis.

Enfin, lorsqu'une portion héréditaire lui est attribuée en vertu des lois caducaires, c'est au fisc à répondre pour la part qu'il recueille à la *querela*.

Quant aux légataires et aux fidéicommissaires à titre particulier, jamais la *querela* n'est intentée contre eux ; mais ils peuvent, s'ils soupçonnent quelque collusion entre l'héritier institué et l'héritier du sang, intervenir au procès et soutenir que les dernières volontés du défunt doivent être maintenues. Il leur est même permis de former appel de la sentence, si elle est contraire au testament, et ils deviennent alors parties principales (2).

SECTION IV.

De la manière d'intenter la querela inofficiosi testamenti.

L'héritier institué est en possession de l'hérédité, et

(1) Dig, l. 16, § 1, De inofficioso testamento, v, 2.
(2) Dig., l. 29, De inofficioso testamento, v, 2.

il s'agit pour l'héritier du sang de la lui enlever. Est-il appelé à la succession par le droit civil, il intentera sans aucun préliminaire la *querela inofficiosi testamenti.* Au contraire, ne peut-il faire valoir ses droits à la succession *ab intestat* qu'en s'appuyant sur les principes du droit prétorien, alors il doit, avant d'intenter son action, s'adresser au préteur pour obtenir de lui la *bonorum possessio contra tabulas.* En effet, il faut qu'il se fonde sur son titre de *bonorum possessor* pour intenter la *querela,* et ce titre n'est reconnu qu'à celui qui, étant dans les conditions voulues par le droit prétorien, l'a demandé et obtenu du préteur. D'ailleurs cette *bonorum possessio* n'est pour le légitimaire qu'un préliminaire d'instance; c'est une *bonorum possessio sine re.* L'héritier institué reste en possession jusqu'au jugement; il y a plus; nous voyons, d'après un texte d'Ulpien, qu'il conserve la détention de l'hérédité pendant l'instance en appel, dans le cas même où il a succombé devant le premier juge. Ulpien nous dit, en effet, qu'un enfant impubère, qui a triomphé dans sa première instance, doit, s'il est dans la misère, recevoir des aliments proportionnés à ce à quoi il aura droit en cas de confirmation de la première décision (1).

Voilà pour le cas où l'héritier institué se trouve en possession de l'hérédité; mais ce peut être l'héritier légitimaire qui détienne les choses héréditaires. Dans ce cas, à la *petitio hereditatis* intentée contre lui par l'héritier institué il répond au moyen d'une exception fondée sur l'inofficiosité du testament.

(1) Dig., l. 27, § 3, De inofficioso testamento, v, 2.

CHAPITRE II.

SECTION Ire.

Conditions requises pour l'admission de la querela inofficiosi testamenti.

Ces conditions sont au nombre de trois : il faut que l'héritier *ab intestat* ait été exhérédé ou omis; il doit l'avoir été sans motif; il n'existe aucun autre moyen pour lui d'éviter le dépouillement que lui fait subir le testament.

Reprenons chacune de ces conditions.

Première condition.

L'héritier *ab intestat* doit avoir été exhérédé ou omis. Lorsqu'il s'agit d'un héritier sien, il doit y avoir eu exhérédation prononcée par le testateur pour qu'il y ait lieu à intenter la *querela inofficiosi testamenti ;* en effet, dans le cas où il y aurait eu simplement omission, le testament par cela seul ne serait pas valable. Au contraire, s'il s'agit d'un enfant à l'égard de sa mère, ou d'un aïeul maternel; s'il s'agit d'un ascendant à l'égard de son descendant; s'il s'agit d'un frère ou d'une sœur, alors il suffit que le testateur n'en ait pas parlé pour que le testament soit inofficieux; l'omission de ces diverses personnes équivaut à une véritable exhérédation.

Mais pour qu'on puisse dire qu'un héritier du sang

n'est ni exhérédé, ni omis, faut-il qu'il reçoive intégralement la portion à laquelle il a droit *ab intestat?* Non ; il suffit que le testateur lui laisse une certaine partie de ses biens; c'est là la *portio legitima* ou légitime dont nous nous occuperons dans la deuxième section de ce chapitre.

Deuxième condition.

L'exhérédation ou l'omission doit être injuste.

L'héritier du sang exhérédé ou omis ne doit pas avoir mérité son sort; sa conduite n'a pas dû motiver la sévérité du testateur à son égard.

Mais sera-ce la conduite seule de l'enfant exhérédé ou omis dont il faudra tenir compte? ou bien, s'il s'agit d'un petit-fils à l'égard de son grand-père, le juge devra-t-il prendre en considération non-seulement la conduite de ce petit-fils, mais aussi celle du fils? C'est en effet de la sorte que doit agir le juge; une compensation s'opère dont le résultat est la mesure de la justice ou de l'injustice du testament : « Nec enim, nous dit Ulpien, minus hoc nepote is qui de inofficioso cogniturus est, merita nepotis quam patris ejus delicta perpendet (1). »

Le jurisconsulte Paul était allé encore plus loin qu'Ulpien dans cette voie; il décidait qu'une mère avait pu justement omettre son enfant en bas âge en considération des mauvais traitements qu'elle avait eu à subir de la part de son mari, père de cet enfant. Justinien décide

(1) Dig., l. 3, § 5, De bonorum possessione contra tabulas, XXXVII, 4.

que la conduite seule de la personne exhérédée ou omise devra attirer l'attention du juge (1).

D'ailleurs, et par exception, il pouvait se présenter quelques cas où, à défaut de toute autre ressource, le testament pouvait être attaqué comme inofficieux, quoique le testateur n'eût pas en réalité foulé aux pieds l'*officium pietatis*.

Ainsi, une mère croit son fils mort ; elle le passe en conséquence sous silence et institue un étranger. Ce testament peut être attaqué comme inofficieux. Mais, qu'on le remarque bien, il n'en est ainsi que précisément dans le cas où l'héritier institué est un étranger (2). Si la mère avait eu d'autres enfants et qu'elle les eût institués en omettant celui qu'elle croyait mort, ce serait par un autre moyen qu'on viendrait au secours de celui-ci ; on lui accorderait le *jus adcrescendi*. C'est ce que nous voyons dans une constitution de Sévère et d'Antonin, à propos d'une espèce où l'on ne peut encore adresser au testament le reproche d'inofficiosité. Voici l'espèce supposée par les empereurs : une femme avait deux fils, elle les a institués pour ses héritiers ; après la confection du testament elle est devenue enceinte. Si elle a pu refaire son testament et qu'elle ait négligé cette précaution, le troisième enfant pourra intenter la *querela*. Mais c'est en lui donnant le jour qu'elle est morte ; l'enfant n'a aucun reproche à imputer à sa mère ; il n'a qu'à maudire le sort qui la lui enlève ; il ne doit donc pas intenter la *querela inofficiosi testamenti ;* il ne peut que concourir avec ses

(1) Code, l. 33, § 1, De inoffi ioso testamento, III, 28.

(2) Dig., l. 27, § 4, De inofficioso testamento, III, 28.

frères pour une part virile. Si, au lieu de se trouver en présence de frères ou sœurs, il avait en face de lui des étrangers, il faudrait bien alors lui permettre de faire tomber le testament au moyen de la *querela* (1).

Mais quelles sont les causes qui feront dire qu'en exhérédant ou en omettant celui qui avait droit à sa succession *ab intestat*, le testateur n'a pas commis une injustice, qu'il n'a fait qu'user du droit qui lui est accordé de récompenser ou de punir? Il n'y a pas de règles à cet égard avant Justinien; en s'en remet entièrement à l'appréciation du juge. Au contraire, dans la Novelle 115, Justinien énumère limitativement les causes d'exhérédation, tant à l'égard des descendants qu'à l'égard des ascendants.

A l'égard des enfants, elles sont au nombre de quatorze: 1° l'enfant a porté la main sur son ascendant; 2° il s'est rendu coupable à son égard d'une injure grave; 3° il a soulevé contre lui une accusation capitale, à moins toutefois qu'il ne s'agisse d'un crime de lèse-majesté ou d'un crime contre la sûreté de l'État; 4° il s'est associé à des malfaiteurs; 5° il a attenté à la vie de ses parents; 6° il a eu des relations criminelles avec la femme ou la concubine de son père; 7° il s'est porté délateur contre ses parents et leur a causé par là un grave préjudice; 8° il s'est refusé à faire sortir son ascendant de prison en se portant fidéjusseur : cela ne s'applique qu'aux descendants mâles, puisque le sénatus-consulte Velléien défendait aux femmes de s'obliger pour autrui; 9° il a voulu empêcher son ascendant de faire son testament; 10° il s'est, malgré ses parents, enrôlé parmi des gladiateurs ou

(1) Code, l. 3, De inofficioso testamento, III, 28.

des comédiens, et il a exercé cette profession, à moins cependant que ce ne fût aussi celle de ses parents; 11° c'est une fille qui vit dans la débauche ou s'est livrée à un esclave, à moins cependant que ses parents n'aient pas voulu la laisser se marier, et cela jusqu'à vingt-cinq ans; 12° l'enfant n'est pas venu au secours de son ascendant en démence; 13° il ne l'a pas racheté de la captivite; 14° il est hérétique.

Ces quatorze causes d'exhérédation ou d'omission des enfants ont été réunies dans les vers mnémoniques suivants :

Bis septem ex causis exheres filius esto :
  Si patrem feriat; si maledicat ei;
Carcere conclusum si negligat, aut furiosum;
  Criminis accuset vel paret insidias;
Si dederit damnum grave; si nec ab hoste redimet
Testarive vetet, vitietque cubile paternum;
  Non orthodoxus; filia si meretrix.

Huit motifs peuvent justifier l'omission que l'enfant avait faite de son ascendant: 1° celui-ci a porté contre son enfant une accusation capitale, sauf le cas de crime de lèse-majesté ou de crime contre la sûreté de l'État; 2° il a attenté à la vie de son enfant; 3° le père a eu des relations criminelles avec la femme ou la concubine de son fils; 4° l'ascendant a voulu empêcher son enfant de tester; 5° il a attenté à la vie de son conjoint, autre ascendant de l'enfant; 6° il a abandonné un de ses enfants en démence; 7° il a laissé un de ses enfants en captivité quand il pouvait le racheter; 8° il est hérétique.

Enfin, quant au frère, pour qu'on ne l'admette pas à faire tomber le testament qui lui préfère une personne *non integræ existimationis,* il faut qu'il ait attenté à la vie du testateur, qu'il ait porté contre lui une accusation criminelle ou qu'il ait tenté de lui arracher sa fortune (1). A ces trois causes de juste omission, il faut encore ajouter l'abandon du frère en démence ou captif; en effet, Justinien, dans ce cas, attribue la succession à l'étranger qui, au défaut des parents, a pris soin du fou ou a racheté le prisonnier.

A qui incombe la preuve à faire de la justice ou de l'injustice de l'exhérédation ? Dans l'ancien droit, c'est toujours à celui qui intente la *querela* à prouver qu'il a été injustement exhérédé ou omis; en effet, à moins d'une dérogation expresse, le fardeau de la preuve incombe au demandeur. Sous Constantin, une distinction se produit. S'agit-il des enfants; ils restent sous l'empire des anciens principes. S'agit-il au contraire des ascendants; ils sont dispensés de prouver l'injustice de leur dépouillement. C'est au contraire à l'héritier institué de démontrer que le testateur avait un juste motif de ne point les appeler à sa succession (2).

Justinien exige que le testateur mentionne expressément la cause qui l'a déterminé; ce doit être l'une de celles qu'il énumère, et encore l'héritier institué doit-il, dans tous les cas, prouver qu'elle existait réellement.

Troisième condition.

La *querela inofficiosi testamenti* doit être la dernière ressource de celui qui l'intente.

---

(1) Novelle XXII, ch. 47.

(1) Code, l. 28, De inofficioso testamento, III, 28.

La *querela inofficiosi testamenti*, lorsqu'elle est admise, a pour résultat de faire considérer le testateur comme n'ayant pas été sain d'esprit au moment de la confection de son testament; il y a là une sorte d'injure pour sa mémoire. On comprend dès lors facilement qu'on n'accorde qu'à la dernière extrémité et comme *ultimum remedium* ce moyen de faire tomber le testament. Chaque fois donc qu'il se présentera à lui un moyen d'arriver à recueillir la totalité ou même une partie seulement de la fortune du défunt, l'héritier du sang se verra refuser la *querela inofficiosi testamenti*.

En conséquence, les enfants émancipés omis n'ont pas droit à la *querela;* ils sont protégés par la *bonorum possessio contra tabulas*.

L'impubère adrogé par un de ses ascendants ne peut faire tomber comme inofficieux le testament de celui-ci; il a droit à la quarte Antonine (1).

Il y a cependant une exception : le père qui avait émancipé son fils *contracta fiducia,* nous avons déjà eu occasion de le dire, avait à la fois contre son testament la *bonorum possessio dimidiæ partis* et la *querela inofficiosi testamenti*. Nous avons dit que cette bizarrerie ne pouvait s'expliquer qu'historiquement.

SECTION II.

De la légitime.

Un moyen est offert au testateur d'éviter le reproche

(1) Dig., l. 8, § 15, De inofficioso testamento, v, 2.

d'avoir violé l'*officium pietatis*, et l'annulation de son testament qui en serait la conséquence : c'est de laisser une certaine portion de ses biens à ceux qui seraient en droit d'attaquer le testament comme inofficieux. Cette portion de biens reçoit le nom de *portio legitima*, en français, la *légitime*. On peut donc définir la légitime, la fraction de ses biens que le testateur est obligé de laisser aux héritiers du sang, s'il veut mettre son testament à l'abri de la *querela inofficiosi testamenti*.

§ 1er. — De quelle quotité de biens se compose la légitime.

Dans le droit du Digeste et du Code, la légitime est fixée au quart de ce à quoi le légitimaire aurait droit *ab intestat* (1).

La quarte légitime aurait, d'après Cujas, été législativement introduite par une constitution de Marc-Aurèle. Mais il est certain qu'elle était déjà en vigueur au temps de Trajan ; la preuve en est dans ce passage d'une lettre de Pline : « Sufficere tibi debet, si exheredatus a matre quartam partem ex hereditate ejus accipias (2). » Il est très-probable que ce furent les prudents qui introduisirent cette coutume, et que l'idée leur en fut suggérée par la quarte Falcidie, née d'un plébiscite nommé *lex Falcidia*, dans les dernières années de la République.

Justinien, dans la Novelle 18, ch. 1, est venu modifier le chiffre de la légitime. Elle varie avec le nombre des

---

(1) Instit., l. II, tit. XVIII, § 3 ; Dig., l. 8, § 8, De inofficioso testamento, V, 2.

(2) Pline, *Lettres*, V, 1.

légitimaires. Y en a-t-il un, deux, trois ou quatre, elle est fixée au tiers de la portion *ab intestat*. Elle s'élève à la moitié de cette même portion, si les légitimaires sont cinq ou davantage.

L'innovation de Justinien s'applique aussi bien aux ascendants et aux frères et sœurs qu'aux enfants ; cela résulte positivement de la dernière phrase du chapitre premier de la Novelle 18 : « Hoc observando in omnibus personis in quibus ab initio antiquæ quartæ ratio de inofficioso lege decreta est. » On peut encore, à l'appui de cette opinion, citer la Novelle 89, ch. 12, § 3, parlant de la légitime des ascendants, Justinien s'exprime ainsi : « Legitimam eis relinquant quam *lex et nos* constituimus. »

Justinien élève aux trois quarts de la portion à laquelle ils auraient eu droit *ab intestat* la légitime des enfants des curiaux (1).

D'après une autre disposition législative de ce prince, les enfants orthodoxes des hérétiques, juifs ou samaritains, doivent recevoir intégralement leur portion *ab intestat*, s'ils n'ont aucune faute à se reprocher contre leurs parents ; dans le cas contraire, ils ont encore droit à la légitime ordinaire (2).

Enfin, quand le testateur a laissé au légitimaire ce à quoi il a droit, si l'héritier institué ne se décide à payer qu'après y avoir été condamné par un jugement, le légitimaire obtient le tiers en sus de la portion qui lui avait été laissée par le testateur (3).

(1) Novelle XVIII, ch. 2.

(2) Code, l. 13, §§ 1 et 2, De heret., et manich., et samarit., I, 5.

(3) Code, l. 33, pr., De inofficioso testamento, III, 28.

Comment se calcule la légitime quand, parmi les légitimaires, les uns ont été injustement exhérédés ou n'ont reçu qu'une faible portion des biens du testateur, et les autres ont été justement exclus de la succession ou bien renoncent à la *querela?* Faut-il ne pas tenir compte de ces derniers, et le testateur, pour que l'héritier qui a droit d'intenter la *querela* et qui l'intente en effet ne pût triompher, aurait-il dû lui laisser le quart au moins de toute la succession? Ou bien doit-on faire entrer en ligne de compte les exhérédés justement et les renonçants, et la légitime de celui qui intente la *querela* ne comprendra-t-elle que le quart de la portion à laquelle il aurait eu droit en supposant le concours de tous les légitimaires? C'est cette dernière opinion que nous trouvons rapportée par Ulpien dans la loi 8, § 8, *De inofficioso testamento.* Voici l'espèce : le testateur avait deux fils ; il les a exhérédés tous les deux. Un seul intente la *querela.* Pour qu'il soit repoussé, qu'aura-t-il dû recevoir? Le quart de la moitié, c'est-à-dire un huitième.

Ainsi le légitimaire justement exhérédé, ou celui qui renonce à la *querela* quand il a cependant été exhérédé sans motif, doit être compté quand il s'agit de calculer le chiffre de la légitime à attribuer à celui qui veut intenter la *querela inofficiosi testamenti.*

A cette décision on oppose la loi 17, *De inofficioso testamento* qui, dit-on, met de côté les légitimaires renonçants. Mais on ne prend pas garde que l'hypothèse à laquelle s'applique cette loi n'est pas celle qui nous occupe. Que voulons-nous? Savoir quelle est la portion de la succession qu'a dû recevoir un légitimaire pour que le juge puisse lui dire : « Vous avez reçu la portion à laquelle pouvait vous réduire le testateur, vous n'avez donc pas à vous plaindre; vous n'avez pas droit à la *querela.* » Au contraire, quelle est l'hypothèse de la 17? Il a été reconnu que le légitimaire n'a pas même reçu la somme à laquelle ses droits pouvaient être restreints; il peut triompher dans la *querela* qu'il intente; il fait tomber le testament, et il s'agit de régler la succession *ab intestat.* C'est lui seul qui a attaqué le testament; c'est à son profit seulement que ce testament a été déclaré contraire à l'*officium pietatis;* c'est lui qui prend toute la succession, sans qu'on tienne compte des légitimaires justement exhérédés ou renonçants.

C'est donc se tromper étrangement que vouloir, en s'appuyant sur cette loi, attaquer la décision que nous avons trouvée dans la loi 8, *De inofficioso testamento.*

§ 2. — Opérations qu'il faut faire pour fixer le chiffre de la légitime.

Pour déterminer le chiffre de la légitime, on suit les règles observées pour le calcul de la Falcidie. L'estimation des biens est faite en prenant pour base leur valeur au jour de la mort. De la masse héréditaire on déduit les frais funéraires, les dettes et la valeur des esclaves affranchis dans le testament. Ce principe, qu'il faut ne pas tenir compte des affranchissements pour le calcul de la légitime, amènera quelquefois à un résultat assez curieux. Supposons, en effet, un homme dont la fortune tout entière consiste en esclaves; il les affranchit tous. Si le fils de cet homme se trouve encore sous sa puissance au moment de sa mort et qu'il soit institué, le voilà complétement dépouillé, et cela sans remède. Avant Justinien, ce résultat ne se produit, d'ailleurs, que si l'on suppose un homme qui n'a pas plus de deux esclaves; au-dessus de ce nombre, la loi Furia Caninia ne permet d'affranchir qu'une certaine fraction de ceux que l'on possède. Justinien abroge cette loi ; mais il faut encore, comme auparavant, que le fils se trouve sous la puissance de son père et par là même héritier nécessaire. Si, au contraire, il s'agit d'un fils qui, par suite de sa sortie de la puissance paternelle, ne se trouve pas obligé bon gré, mal gré, de faire adition, il répudiera l'hérédité testamentaire. A-t-il un substitué ; c'est contre lui qu'il intente la *querela;* et, alors, le testament tombant, il n'y a plus d'affranchissements. S'il n'y a pas de substitué, c'est encore le fils qui arrive à la succession *ab intestat*; on ne fait pas ici application de l'édit *si quis omissa causa testamenti* (1). En effet, cet édit a en vue ceux qui, ayant droit à la succession *ab intestat,* veulent frauduleusement se soustraire aux charges d'un testament. Mais ici, c'est le testateur lui-même qui a voulu faire fraude à la loi en dépouillant complétement son enfant, et non celui-ci, qui tâche de se soustraire aux conséquences injustes du testament.

A la masse ainsi composée de tout ce que possédait le testateur au jour de sa mort, déduction faite des frais funéraires, dettes et affranchissements, il faut, à partir d'Alexandre Sévère, ajouter la valeur des biens donnés entre-vifs.

C'est le quart de cette masse qui forme la légitime. Sur la légitime à laquelle il a droit, le légitimaire doit impu-

(1) Dig., l. 8, § 9, De inofficioso testamento, v, 2.

ter tout ce qu'il reçoit comme héritier, légataire, fidéicommissaire ou donataire à cause de mort.

Quant aux donations entre-vifs, en règle générale, elles ne s'imputent pas sur la légitime. Cependant, si telle avait été la condition de la donation, une controverse séparait les jurisconsultes romains. Ulpien veut que la donation entre-vifs soit imputée sur la légitime, si le donateur y a expressément mis cette condition (1).

Papinien et Paul, malgré la condition imposée à la donation, s'en tiennent au principe général sur la matière (2).

C'est cette dernière opinion qu'adopte Justinien (3). L'empereur Zénon ordonne cependant l'imputation sur la légitime des biens constitués en dot ou compris dans une donation *ante nuptias* (4). Justinien lui-même veut qu'on impute sur la quarte le prix des charges achetées au légitimaire par le défunt, lorsqu'elles sont de nature à être vendues ou transmissibles aux héritiers ; il en excepte toutefois la charge de *silentiarius*, ou chambellan (5).

§ 3.—De ce qui arrive lorsque le testateur n'a pas laissé leur légitime à ceux qui y ont droit, ou lorsqu'il ne leur a laissé qu'une légitime incomplète.

Lorsque le testateur a complétement violé l'*officium pietatis,* qu'il n'a rien laissé à ses héritiers légitimaires, il y a lieu à la *querela inofficiosi testamenti;* le testament tombe, et cela sans distinction d'époque. Au contraire, si

(1) Dig., l. 25, De inofficioso testamento, v, 2.

(2) Dig., l. 16, De suis et legitimis heredibus, XXXVIII, 16; Paul, *Sentences* IV, 5, § 8.

(3) Code, l. 35, De inofficioso testamento, III, 28.

(4) Code, l. 19, De inofficioso testamento, III, 28.

(5) Code, l. 30, § 2, De inofficioso testamento, III, 28.

les devoirs qu'impose la parenté n'ont été mis en oubli qu'en partie, si le testateur a laissé quelque chose à l'héritier légitimaire, mais que ce qu'il lui a laissé ne soit pas exactement la portion de la succession qui doit former la légitime, que va-t-il arriver?

Au temps des jurisconsultes classiques, le résultat en cas de légitime incomplète est le même qu'en cas d'absence totale de légitime; le testament peut être attaqué comme inofficieux et tomber tout entier.

A partir de Constantin, il faut faire une distinction. Si le testateur, laissant à l'héritier du sang une légitime incomplète, n'a pas pris soin de dire qu'elle serait complétée, on reste sous l'empire des anciens principes, et il y a lieu à la *querela inofficiosi testamenti*. Au contraire, le testateur ne sait pas bien quelle doit être la quotité de la légitime, il laisse une somme approximative, mais il ajoute qu'en cas d'insuffisance la légitime sera complétée *arbitratu boni viri;* dans ce cas, le testament reste inattaquable, et la *querela inofficiosi testamenti* fait place à une action dite en complément de la légitime (1).

Justinien revient à l'unité, mais cette unité est toute contraire à celle de l'ancienne jurisprudence. Que le testateur ait pris ou non le soin de dire que la légitime serait en cas d'insuffisance complétée *arbitratu boni viri*, il n'y a jamais lieu qu'à l'action en complément (2).

En résumé, l'absence complète de légitime mène toujours à la *querela inofficiosi testamenti;* quant à la légitime incomplète, trois périodes: dans la première, il y a lieu à la *querela;* dans la seconde, tantôt à la *querela*,

(1) Code Théodosien, l. 4, De inofficioso testamento.

(2) Code, l. 30, De inofficioso testamento, III, 28.

tantôt à l'action en complément; dans la troisième, l'action en complément subsiste seule.

De très-graves différences séparent l'action en complément de la légitime et la *querela inofficiosi testamenti* :

1° La *querela* est une *hereditatis petitio* sous une forme particulière, il est vrai; c'est une action réelle; l'action en complément est, au contraire, une *condictio ex lege*, par conséquent une action personnelle;

2° La *querela* a pour résultat de faire disparaître le testament; l'action en complément le laisse subsister.

3° Dans la *querela*, il y a quelque chose d'une action d'injure; ce caractère ne se rencontre pas dans l'action en complément. Il résulte de là une quatrième et une cinquième différence entre les deux actions;

4° La *querela* est limitée quant à sa durée; l'action en complément est perpétuelle;

5° L'une n'est pas transmissible aux héritiers; l'autre se transmet héréditairement.

§ 4. — Comment doit être laissée la légitime.

La légitime doit être laissée purement et simplement. L'ancienne jurisprudence fait cependant une différence entre le terme et la condition; elle applique ici cette idée, de laquelle il résulte que le terme suspend seulement l'exécution d'un droit, tandis que la condition met son existence même en question. Par conséquent, si l'héritier institué est chargé, sous condition, de remettre à l'héritier du sang la part de biens qui constitue la légitime, il y a lieu à la *querela inofficiosi testamenti;* si, au contraire, un terme est imposé seulement à la remise de la légitime, le testament doit être respecté. Le légitimaire peut avoir directement reçu du testateur sa légitime, à charge pour lui de transférer la propriété des biens qui la composent à quelqu'un, sous telle condition ou après tel délai ; il y a lieu alors sans distinction à la *querela*, à moins cependant que le légitimaire n'ait pu, par la perception des fruits, recueillir la somme qui constitue la portion à laquelle il a droit.

Sous Justinien, toute charge, tout délai, toute condition est considérée comme non écrite, et il n'y a lieu qu'à l'action en complément de la légitime pour le cas où elle ne serait pas complète. Justinien se montre donc à la fois plus sévère et moins sévère que le droit ancien, à l'égard du testateur; il est plus sévère, puisqu'il fait disparaître le terme qui était respecté avant lui; il est moins sévère, puisque, s'il existe une condition, au lieu de permettre au légitimaire de faire disparaître le testament comme inofficieux, il lui permet seulement de faire compléter sa légitime, si elle ne lui a pas été laissée entière (1).

Si l'héritier institué a été soumis à l'obligation conditionnelle ou à terme de payer au légitimaire une somme plus forte que celle à laquelle il a droit, celui-ci peut immédiatement demander sa légitime, sauf à réclamer plus tard l'excédant, lorsque le terme sera échu ou la condition réalisée.

D'ailleurs ces règles, tant celles de l'ancien droit que celles posées par Justinien, fléchissent si le légitimaire trouve au fidéicommis dont il est chargé une compensa-

(1) Code, l. 32, De inofficioso testamento, III, 28.

tion dans un fidéicommis imposé en sa faveur à une personne gratifiée dans le testament, ou bien encore lorsque la condition a été mise dans l'intérêt même du légitimaire. Nous trouvons un exemple de cette dernière hypothèse dans la loi 25, au Code, *De inofficioso testamento*, 3, 28 : une mère a de justes motifs de défiance à l'égard de son mari ; dans son testament elle institue ses enfants, mais sous la condition qu'ils seront émancipés. De la sorte, tant que les enfants resteront sous la puissance de leur père, celui-ci ne pourra demander en leur nom la *bonorum possessio secundum tabulas* et acquérir par eux des biens qu'il dissiperait promptement. Il n'y a pas lieu non plus à la *querela inofficiosi testamenti* : en effet, la mère n'a pas manqué à l'*officium pietatis ;* elle s'est au contraire montrée gardienne vigilante des intérêts de ses enfants.

La substitution pupillaire n'est pas non plus considérée comme charge; en la faisant, le père veille au contraire sur son enfant ; il l'empêche de mourir intestat (1); et, nous avons déjà eu occasion de le dire, tout Romain tenait à honneur de laisser un testament.

Quand il y a lieu, sous Justinien, à l'action en complément de la légitime, c'est, nous dit-il (2), *ex substantia patris*, sur la fortune même du père que doit être prise la somme nécessaire pour parfaire la quarte. Il ne faut pas faire entrer en ligne de compte et comprendre dans la portion due au légitimaire les gains qui pourraient résulter pour lui d'une substitution ou d'un usu-

(1) Dig., l. 8, § 7, De inofficioso testamento, v, 2.
(2) Code, l. 36, De inofficioso testamento, III, 28.

fruit. Nous trouvons dans Cujas l'explication de ces deux exemples que donne Justinien. Pour la substitution, il faut supposer un étranger qui aurait institué le père en lui substituant son fils ; le père n'a pas fait adition, la substitution s'ouvre et le fils recueille les biens ; mais ces biens, il les tient d'un autre que son père, et ils ne comptent pas dans la légitime qui lui est due par celui-ci. Quant à l'usufruit, c'est un étranger qui a légué au père l'usufruit d'un bien et au fils la nue propriété ; à la mort du père, l'usufruit qui lui appartenait vient se joindre à la nue propriété du fils ; mais encore ici le gain que fait le fils, il ne le tient pas de son père : c'est le résultat naturel du legs qui lui a été fait par l'étranger, et si sa légitime n'est pas complète, il peut exiger que le surplus lui soit fourni en biens paternels.

§ 5. — De la conséquence de l'éviction que subit le légitimaire.

Le légitimaire a reçu la part à laquelle il a droit ; mais la chose qui lui a été laissée n'appartenait pas au testateur ; le légitimaire est évincé par le propriétaire ; que va-t-il se passer ?

La chose d'autrui ne pouvait être laissée, dans le premier état du droit romain, que par un legs *per damnationem*. En conséquence, en supposant la disposition faite soit *per vindicationem*, soit *per præceptionem*, soit *sinendi modo*, le legs étant nul, l'héritier du sang n'avait pas reçu sa légitime, et il pouvait attaquer le testament comme inofficieux.

Sous le règne de Néron, un sénatus-consulte qui, du nom de cet empereur, s'appela sénatus-consulte Néronien, vint décider que tout legs, quelle que fût sa forme, serait, pour éviter les nullités qui ne résulteraient que de l'emploi de certains mots, toujours regardé comme fait *optimo jure legatorum*, c'est-à-dire *per damnationem*: « ut quod minus aptis verbis legatum est, perinde ac si optimo jure legatum esset... »

Ainsi peu importe dès lors comment a été léguée la chose d'autrui ; mais il reste cependant encore une distinction importante à faire. Le testateur a-t-il su qu'il léguait la chose d'autrui ou bien l'a-t-il ignoré? Dans le premier cas, tout le monde s'accorde à dire que le legs est valable ; l'héritier doit se procurer la chose léguée pour la remettre au légitimaire ; s'il ne peut se la procurer, il lui en paye l'estimation : il n'y a pas lieu à la *querela inofficiosi testamenti*.

Mais si, en léguant la chose d'autrui, le testateur a cru disposer de sa propre chose, alors il n'en est plus de même. A l'origine, une controverse divisait les jurisconsultes sur ce point ; les uns soutenaient la validité du legs, les autres le considéraient comme nul. Cette dernière opinion, celle de Nératius Priscus, fut confirmée par une constitution d'Antonin le Pieux (1). Dès lors, il est absolument vrai de dire que le droit romain considère le legs comme nul et l'héritier comme n'ayant pas reçu sa légitime : il y a donc lieu à la *querela inofficiosi testamenti*.

Une constitution d'Alexandre Sévère en 228 vint modifier la législation romaine en ce qui concerne le legs de la chose d'autrui. Elle décide que la disposition que

(1) Dig., l. 67, § 8, De legatis secundo, XXXI; Instit., l. II, tit. XX, § 4.

le testateur fait d'une chose qui ne lui appartient pas est toujours valable quand elle s'adresse à un proche parent ; on ne peut dire alors que le testateur, s'il avait su que la chose ne lui appartenait pas, n'aurait pas condamné son héritier à en transférer la propriété au légataire. Cette raison, bonne quand il s'agit d'un légataire étranger, ne peut plus être donnée quand il s'agit d'un légataire proche parent. Ce sont les propres termes de la constitution d'Alexandre Sévère (1).

Ainsi, fait à un proche parent, le legs de la chose d'autrui est toujours valable, Qu'en résulte-t-il ? Que, depuis cette constitution, il n'y a plus jamais lieu dans le cas qui nous occupe à la *querela inofficiosi testamenti*. Le legs est valable; par conséquent, l'héritier du sang aura toujours sa légitime ; ce sera la chose elle-même ou son estimation.

Justinien, dans la loi 36, pr., au Code, *De inofficioso testamento*, rappelle que, par une constituton antérieure, il a remplacé la *querela* par l'action en complément dans tous les cas où la légitime n'est pas complète. Puis, il se pose une question. En cas d'éviction de l'objet formant la légitime, ét quand le testateur savait qu'il avait disposé de la chose d'autrui, y a-t-il légitime incomplète ou bien y a-t-il absence totale de légitime? Faut-il donner au légitimaire l'action en complément ou la *querela inofficiosi testamenti ?*

La constitution de Sévère a donc été abrogée, et c'est par erreur qu'elle a été insérée au Code; autrement, on ne comprendrait pas l'existence de la question que se

(1) Code, l. 10; De legatis, IV, 37.

pose Justinien ; mais, cela dit, comment l'empereur résout-il cette question? Rigoureusement, quand il y a éviction complète de la chose léguée, il devrait y avoir lieu à la *querela inofficiosi testamenti;* cependant, c'est seulement l'action en complément qui est accordée au légitimaire.

Ainsi, sous Justinien, si le testateur a légué la chose d'autrui en connaissance de cause, le legs est valable, et il n'est question ni de *querela* ni d'action en complément. Au contraire, dans le cas où la chose d'autrui a été laissée par le testateur comme étant sa propre chose, c'est l'action en complément de la légitime que doit exercer le légitimaire.

Lorsque le légitimaire évincé s'attaque par la *querela* avant Justinien, ou, depuis ce prince, par l'action en complément de la légitime à l'héritier institué, celui-ci peut soutenir que la chose appartenait au défunt : « C'est à tort, peut-il dire au légitimaire, que vous avez été évincé ; ou vous vous êtes mal défendu, ou il y a eu erreur du juge. » Par suite des principes de la chose jugée, le jugement intervenu entre le légitimaire et le revendiquant n'est pas opposable à l'héritier; c'est donc au légitimaire, en sa qualité de demandeur, à prouver : 1° que la chose n'appartenait pas au testateur ; 2° que le testateur connaissait ou ignorait ce fait.

Sous l'empire de l'ancienne jurisprudence, quelle que soit d'ailleurs la valeur de l'objet légué, il vaut mieux pour le légitimaire que le legs soit nul; alors, en effet, le testament tombe tout entier au moyen de la *querela.* Au contraire, sous Justinien, qui ne lui permet plus d'attaquer le testament comme inofficieux, le légitimaire peut avoir intérêt à ce que le legs soit valable. Il en est ainsi chaque fois que la chose léguée est supérieure en valeur au quart de l'hérédité ; en effet, si le legs est valable, c'est l'estimation de la chose léguée que l'héritier est obligé de fournir au légitimaire, tandis que celui-ci, en cas de nullité du legs, n'a droit qu'au quart de l'hérédité, quelle qu'ait pu être la valeur de la chose qui lui avait été léguée.

Sans subir une éviction totale, le légitimaire peut se trouver soumis à un retranchement partiel dans l'objet qui lui a été laissé par le testateur. Il en est ainsi quand il y a lieu pour l'héritier institué de réduire les legs en vertu de la loi Falcidie. Mais que va-t-il se passer si l'objet qu'avait reçu le légitimaire se trouvait précisément égal à la portion à laquelle il avait droit?

Il nous faut encore distinguer ici entre l'ancien droit et le droit de Justinien.

A l'époque des jurisconsultes, trois situations sont possibles.

Première hypothèse. — Le légitimaire a donné au testateur de justes motifs de l'exhéréder ou de l'omettre. L'héritier peut le soumettre sans danger à la réduction qu'il fait subir à tous les légataires. En effet, si le légitimaire s'avise d'intenter la *querela inofficiosi testamenti,* bien que sa légitime ne soit pas complète, il succombera certainement, et cela en raison même de sa conduite envers le testateur.

Deuxième hypothèse. — Le légitimaire n'a jamais démérité du défunt. L'héritier se gardera bien d'invoquer à son égard l'application de la loi Falcidie. L'insuffisance de sa légitime donnerait droit au légitimaire d'attaquer le testament comme inofficieux. L'héritier devra donc exécuter intégralement la disposition du testateur à l'égard du légitimaire, et, en agissant ainsi, ce ne sont pas seulement ses intérêts qu'il sauvegarde, ce sont aussi ceux des autres légataires. Ceux-ci, si le testament tombait, perdraient l'avantage qu'il leur attribue ; il est donc juste qu'ils supportent proportionnellement avec l'héritier la perte qui résulte pour celui-ci de la non application au légitimaire de la réduction Falcidienne.

Troisième hypothèse. — Il y a doute sur la question de savoir si le légitimaire aurait pu ou non être justement exhérédé ou omis par le défunt. Une transaction sera, pour l'héritier et pour le légitimaire, le parti le plus avantageux ; le prix en devra encore être supporté proportionnellement par l'héritier et les autres légataires.

Dans cette dernière hypothèse, les légataires peuvent se refuser à payer la part que l'héritier veut mettre à leur charge, ou tout au moins la discuter ; ils soutiendront, par exemple, que l'héritier a eu tort de ne pas réduire le légitimaire, ou qu'il aurait pu transiger à de meilleures conditions.

Sous Justinien, la loi Falcidie n'est opposable au légitimaire que si elle n'entame pas sa quarte (1); dans le cas contraire, ce serait lui faire donner d'une main ce qu'il reprendrait immédiatement de l'autre au moyen de l'action en complément. Il n'en est cependant plus ainsi dans l'hypothèse suivante. Le testateur a formellement exprimé un motif qui lui permettait d'exhéréder ou d'omettre le légitimaire, et lui laisse néanmoins quelque

(1) Code, l. 36, pr., De inofficioso testamento, III, 28.

chose, mais il déclare expressémement qu'au cas où le legs ne serait pas égal à la légitime, il refuse au légitimaire toute action en complément; dans ce cas, à moins encore que le légitimaire ne prouve la fausseté de l'accusation portée contre lui par le défunt, l'héritier pourra lui faire subir, comme à tout autre, la réduction prescrite par la loi Falcidie.

Quoi qu'il arrive, les autres légataires sont hors de cause; il n'y a plus à craindre la chute du testament tout entier, et l'on ne peut plus dire que l'héritier ait fait leur affaire avec la sienne, lorsqu'il ne réduit pas le légitimaire. Décider, comme le font quelques auteurs, que l'héritier, dans ce cas, pour compléter sa Falcidie, réduira d'autant plus les légataires autres que le legitimaire, c'est leur faire supporter la légitime; or, nous le savons, la légitime est à la charge de l'héritier.

CHAPITRE III.

CONSÉQUENCES DE L'ADMISSION OU DU REJET DE LA QUERELA INOFFICIOSI TESTAMENTI.

I.

CONSÉQUENCES DE L'ADMISSION DE LA QUERELA.

L'admission de la *querela* amène la rescision totale ou partielle du testament.

SECTION Ire.

De la rescision totale du testament.

§ 1er. — Quand y a-t-il lieu à cette rescision.

Il n'y a pas de difficulté lorsqu'on se trouve en présence d'un seul héritier et d'un seul légitimaire. Si la *querela* intentée par celui-ci est admise, le testament tombe tout entier.

Il en est encore de même lorsque le légitimaire, se trouvant en présence de plusieurs héritiers, a intenté la *querela* contre chacun d'eux et que le succès a couronné chacune de ses attaques.

S'il y a plusieurs légitimaires et que chacun d'eux intente la *querela* et triomphe dans sa prétention, pas de difficulté encore.

Mais faut-il toujours, pour arriver à une rescision totale, que chaque légitimaire intente la *querela?* Ou bien le testament peut-il tomber tout entier sous les coups d'un seul? C'est cette dernière opinion que nous trouvons consacrée par les textes (1). Mais au profit de qui s'ouvrira la succession *ab intestat?* Quelquefois le légitimaire, sorti vainqueur de l'instance en inofficiosité, y aura un droit exclusif ; d'autres fois, il sera obligé de souffrir le concours des autres légitimaires.

Le légitimaire sur la demande duquel le testament a

---

(1) Dig., l. 17 et 23, § 2, De inofficioso testamento, v, 2.

été déclaré inofficieux a seul droit à la succession *ab intestat* lorsque ses colégitimaires ont renoncé à la *querela* ou laissé passer le délai dans lequel elle doit être exercée. Il en serait de même en cas de prédécès ; cela résulte de la loi 17 au Digeste *De inofficioso testamento*. Que nous dit Paul dans cette loi ? « Si de inofficioso testamento patris alter ex liberis exheredatis ageret, quia, rescisso testamento, alter quoque ad successionem ab intestato vocatur, et ideo universam hereditatem non recte vindicasset, hic, si obtinuerit, utetur rei judicatæ auctoritate quasi centumviri hunc solum filium in rebus humanis esse nunc, quum facerent intestatum, crediderint. » L'un des légitimaires, Primus, a seul intenté la *querela;* l'autre, Secundus, y avait renoncé ; mais, une fois le testament rescindé, Secundus prétend à la succession *ab intestat*. Primus peut lui opposer l'exception *rei judicatæ*, il lui dira : « Vous aviez renoncé à intenter la *querela;* lors donc que les centumvirs ont prononcé l'ouverture de la succession *ab intestat*, ils n'avaient que moi seul en vue ; quant à vous, ils vous regardaient comme mort. » La décision du jurisconsulte serait donc à plus forte raison semblable, si l'un des légitimaires était mort ; ce serait précisément la réalité du fait sur la fiction duquel il s'appuie pour arriver à sa solution.

Ainsi, en cas de renonciation, de forclusion ou de mort de ses colégitimaires, celui qui a fait tomber le testament comme inofficieux, recueille seul la succession *ab intestat*.

Mais si l'un des légitimaires a renversé le testament sans qu'il y ait eu renonciation ou mort de ses colégitimaires, alors qu'ils étaient encore dans les délais voulus pour intenter eux-mêmes la *querela*, ceux-ci seront en droit de venir lui réclamer par *hereditatis petitio* leur part dans la succession *ab intestat*.

Il y a même plus : le vainqueur peut ne recueillir aucun fruit de sa victoire ; il n'aura peut-être triomphé que pour d'autres. Pour qu'il en soit ainsi, que faut-il supposer ? Une erreur du juge ; celui qui a été admis à la *querela* n'y avait pas droit. La succession *ab intestat* tout entière lui sera enlevée par les vrais héritiers légitimaires (1).

§ 2. — Des effets de la rescision totale du testament.

La confusion qui a existé un instant entre le patrimoine de l'héritier et celui de la succession disparaît ; les créances et les dettes de l'héritier envers la succession et de la succession envers l'héritier, paralysées par suite de l'adition, renaissent de part et d'autre (2).

Les legs, les fidéicommis, les affranchissements contenus dans le testament, tombent du même coup que l'institution.

Ils ne seraient pas même maintenus en vertu d'une clause codicillaire (3). Sans doute, dans des circonstances ordinaires, le défunt peut grever de fidéicommis ses héritiers *ab intestat ;* mais quand il y a eu *querela inofficiosi testamenti*, le testateur a été considéré comme

(1) Dig., l. 6, § 1, De inofficioso testamento, v, 2.
(2) Dig., l. 21, § 2, De inofficioso testamento, v, 2.
(3) Dig., l, 13, De inofficioso testamento, v, 2.

n'étant pas dans son bon sens; il y a donc annulation de tout ce qui est de sa part expression quelconque de dernière volonté (1).

Mais, dans l'intervalle qui a séparé son adition du jour où la *querela* a été intentée, l'héritier a pu payer des legs. Il faut faire rentrer ces legs; mais qui sera chargé de ce soin? Qui se trouvera soumis au risque de l'insolvabilité des légataires?

L'héritier, pour payer les legs, a puisé dans sa propre caisse ou dans celle de la succession.

Dans le premier cas, s'il a été de mauvaise foi, c'est à l'héritier de s'arranger comme il pourra pour se faire restituer par les légataires les sommes qu'il leur a indûment payées; si, au contraire, il a été de bonne foi, il peut retenir sur les biens qu'il restitue au légitimaire une somme égale à celle qu'il a déboursée; c'est au légitimaire à poursuivre les légataires indûment payés. Mais comment agira-t-il contre eux? Il est constitué par l'héritier *mandator in rem suam* dans la *condictio indebiti*, qui prend naissance dans la personne de celui-ci. Depuis un rescrit d'Antonin le Pieux, ce détour n'est même plus nécessaire, le légitimaire peut s'en prendre directement aux légataires, au moyen d'une *condictio indebiti utilis* (2).

Au lieu de payer les légataires sur ses propres biens, c'est dans le patrimoine de la succession que l'héritier a pris les sommes nécessaires à ce payement. Il faut encore se demander s'il a agi de bonne ou de mauvaise

(1) Dig., l. 36, De legatis-3°, XXXII.

(2) Dig., l 8, § 16, De inofficioso testamento, v, 2.

foi. Est-il de bonne foi, il ne devra restituer au légitimaire que ce qui lui reste des biens de l'hérédité ; ce sera à celui-ci de faire rentrer les legs par la *condictio indebiti*. Au contraire, a-t-il été de mauvaise foi, alors, en vertu des principes du sénatus-consulte Juventien, ayant cessé de posséder par son dol, il est regardé comme possédant encore. Il doit donc remettre au légitimaire le restant des biens héréditaires et la valeur de ceux qui sont sortis de ses mains, sauf à lui à se faire restituer les legs comme il pourra.

En un mot, s'il a été de mauvaise foi, c'est l'héritier qui est soumis au risque de l'insolvabilité des légataires ; au contraire, s'il a agi de bonne foi, ce risque est à la charge du légitimaire.

Deux exceptions ont été introduites à la règle qui fait tomber les legs et les affranchissements du même coup que l'institution d'héritier.

Ainsi, une mère n'a pas mentionné son fils dans son testament, mais cette omission résulte de la croyance qu'elle avait de la mort de ce fils. Celui-ci peut attaquer néanmoins le testament comme inofficieux, mais c'est l'institution seule d'héritier qu'il peut faire tomber ; l'empereur Adrien décide que les legs et les affranchissements doivent être maintenus (1).

La seconde exception est le résultat d'un rescrit de Marc-Aurèle et Œlius Verus ; les empereurs décident que, si l'héritier a fait défaut dans l'instance en inofficiosité, le testament ne tombe que pour l'institution d'héritier ; les legs et les affranchissements subsistent. Mais cela ré-

(1) Dig., l. 27, § 4 et 28, De inofficioso testamento, v, 2.

sulte des termes mêmes du rescrit, si les legs et les affranchissements conservent leur force, c'est que le défaut de l'héritier fait présumer peut-être une collusion avec le légitimaire, tout au moins l'abandon de la défense du testament. Il faut donc, à notre avis, ne pas étendre l'exception. Disons seulement que la sentence par défaut ne s'appliquera qu'à l'institution ; mais le légitimaire pourrait encore faire déclarer le testament inofficieux à l'égard des légataires et des affranchis. Sans quoi, nous arriverions à un résultat par trop bizarre : l'héritier, en ne défendant pas le testament, sauvegarderait les droits des légataires et des affranchis ; en supposant donc le testament évidemment inofficieux, il dépendrait de lui, par sa présence ou son défaut dans l'instance, de laisser tomber le testament tout entier ou de le maintenir, sauf l'institution ; il pourrait donc mettre aux enchères la conduite qu'il aurait à tenir (1).

Quant aux affranchissements, il faut avoir soin de distinguer ceux qui sont attribués directement par le testateur et ceux qu'au moyen d'un fidéicommis il a chargé l'héritier de concéder. Les premiers, les affranchissements directs, tombent avec l'institution d'héritier, sauf les deux exceptions que je viens de dire. Cependant, ils seraient maintenus dans une troisième hypothèse : je veux parler du cas où le légitimaire aurait laissé passer le délai pour intenter la *querela*, et dans lequel il ne serait plus admis à attaquer le testament que par faveur *ex*

---

(1) Dig., l. 17, § 1 et 18, De inofficioso testamento, et l. 14, § 1, De appellationibus et relationibus, XLIX, 1.

magna et justa causa (1). Il devrait recevoir vingt sous d'or de chaque affranchi.

Quant aux affranchissements fidéicommissaires, ils survivent toujours à la rescision du testament, moyennant le payement de vingt sous d'or par chaque affranchi (2); en payant cette somme, celui-là même conserverait la liberté auquel l'héritier institué ne l'aurait accordée que pour accomplir une condition à laquelle se trouvait soumise son institution (3).

Ces différentes règles deviennent d'ailleurs sans objet sous Justinien; en effet, d'après la Novelle 125, la *querela inofficiosi testamenti* n'a plus pour résultat que de faire tomber l'institution d'héritier; les legs, fidéicommis et affranchissements subsistent dans tous les cas.

SECTION II.

De la rescision partielle du testament.

§ 1er. — Quand y a-t-il lieu à cette rescision?

Un frère ne peut attaquer le testament de son frère comme inofficieux que si celui-ci lui a préféré une personne notée d'infamie. Supposons qu'il y ait deux héritiers institués, l'un *integræ existimationis*, l'autre atteint dans son honneur; le frère omis, en intentant la

(1) Dig., l. 8, § 7, De inofficioso testamento, v, 2.

(2) Dig., l. 9, De inofficioso testamento, v, 2.

(3) Dig., l. 26, De inofficioso testamento, v, 2.

querela, ne peut triompher que du premier. Il y aura donc chute du testament pour la moitié seulement (1).

Mais n'y aura-t-il lieu à cette rescision partielle du testament, que s'il s'agit d'un légitimaire frère du défunt? D'autres hypothèses sont possibles.

Il y a, par exemple, plusieurs héritiers institués; l'un d'eux succombe dans l'instance en déclaration d'inofficiosité du testament; les autres, au contraire, plus heureux que lui, ont en main des preuves certaines de la mauvaise conduite du légitimaire, et ils repoussent ses attaques (2).

Ou bien encore, en supposant toujours plusieurs héritiers institués, le légitimaire n'intente la *querela* que contre l'un d'eux.

Si c'est une personne n'ayant en réalité aucun droit à la *querela* qui y a été admise par erreur du juge et qui ne fait tomber que partiellement le testament, à la différence de ce qui arrive en cas de rescision totale, son triomphe ne profite pas aux vrais légitimaires; elle en recueille elle-même les fruits (3). La partie subsistante du testament suffit pour écarter de la succession *ab intestat* les héritiers légitimaires qui étaient en droit, il est vrai, d'intenter la *querela*, mais qui ont négligé de le faire.

Il peut même arriver qu'une même personne soit considérée à l'égard du défunt, à la fois comme héritière *ab intestat* et comme héritière *ex testamento*. Ainsi, une

(1) Dig., l. 24, De inofficioso testamento, v, 2.
(2) Dig., l. 15, § 2, De inofficioso testamento, v, 2.
(3) Dig., l. 25, De inofficioso testamento, v, 2.

mère a deux filles, elle passe l'une d'elles sous silence, institue l'autre pour un quart et lui donne comme cohéritier pour les trois autres quarts un étranger. La fille omise intente la *querela inofficiosi testamenti;* elle ne peut s'attaquer qu'à l'étranger et ne fait par conséquent tomber le testament que pour la part de celui-ci, c'est-à-dire pour trois quarts. Mais le bénéfice de cette rescision du testament lui sera-t-il exclusif? Non ; la sœur instituée pour un quart a droit de venir lui réclamer le complément de sa part *ab intestat.* Qu'en résulte-t-il? Que sur la moitié de la succession qui lui appartient, elle a un quart *ex testamento* et un quart *ab intestat* (1).

Dans toutes ces hypothèses, le défunt se trouve partie testat, partie intestat. Que devient donc la fameuse règle du droit romain? « Nemo paganus partim testatus, partim intestatus decedere potest. » Elle n'est pas violée. En effet, ne nous abusons pas sur le sens de cette règle. Que signifie-t-elle? Simplement ceci : un individu, s'il n'est militaire, ne peut lui-même se faire partie testat, partie intestat. Mais s'ensuit-il que les circonstances ne puissent conduire à ce résultat? Un individu, il est vrai, ne peut se trouver au moment de sa mort par sa volonté partie testat et partie intestat, mais il peut le devenir, *ex post facto*, par la force même des choses (2).

§ 2. — Des effets de la rescision partielle du testament.

Le partage de la succession se fait au moyen de l'action

---

(1) Dig., l. 19, De inofficioso testamento, v, 2.

(2) Cujas, Comment ad Papiniani quæst., l. XIV ad legem 15, § 2, De inofficioso testamento; Pothier, ad tit., De inoff. test., n° XXXIX.

familiæ erciscundæ; le légitimaire peut poursuivre pour partie les débiteurs de la succession; il est lui-même soumis dans la même proportion aux poursuites des créanciers héréditaires (1).

Les legs et les fidéicommis sont anéantis pour une part égale à celle pour laquelle il y a ouverture de la succession *ab intestat;* ils subsistent pour le reste (2), c'est-à-dire pour une part égale à celle qui reste entre les mains de l'héritier institué; c'est, il ne serait pas même nécessaire de le dire, tant cela est évident, c'est celui-ci qui se trouve chargé de les acquitter.

Que décider s'il s'agit du legs d'une chose indivisible, par exemple d'une servitude réelle? Deux hypothèses sont possibles; le légitimaire peut consentir à l'établissement de la servitude, et le légataire doit lui tenir compte de sa participation à l'établissement de cette servitude par une compensation en argent; ou bien le légitimaire se refuse à tout arrangement, et alors le légataire n'obtiendrait contre l'héritier qu'une condamnation pécuniaire proportionnelle à la part de l'hérédité qu'il conserve.

Quant aux affranchissements, le testament restant valable pour partie, il n'y a pas de distinction à faire entre les affranchissements directs et les affranchissements fidéicommissaires. Le legs ou le fidéicommis d'affranchissement est indivisible, il est vrai, mais la liberté est chose qui ne peut se remplacer pour le légataire ou le fidéicommissaire par de l'argent: les affranchissements

(1) Dig., l. 15, § 2, De inofficioso testamento, v, 2.
(2) Code, l. 13, De inofficioso testamento, III, 28.

seront donc maintenus (1) ; seulement, le légitimaire recevra une portion du prix moyen d'un esclave, proportionnelle à la part qu'il prend dans l'hérédité (2).

La substitution pupillaire reste valable (3).

Il nous faut, du reste, répéter ici ce que nous avons déjà dit en nous occupant des effets de la rescision totale du testament : toutes ces règles sur les legs, les fidéicommis, les affranchissements deviennent sans objet sous Justinien depuis la Novelle 125. La *querela* ne fait plus tomber que l'institution d'héritier; elle respecte les autres dispositions contenues dans le testament.

II.

CONSÉQUENCES DU REJET DE LA QUERELA.

Le testament subsiste dans son entier, et, comme peine de l'attaque téméraire et odieuse qu'il a dirigée contre la mémoire du défunt, le légitimitaire perd le bénéfice de toutes les dispositions que ce testament pouvait contenir à son profit. C'est le fisc qui vient prendre sa place. Cependant, pour en arriver à ce résultat rigoureux, il ne suffit pas que le légitimaire ait intenté à tort la *querela inofficiosi testamenti,* il faut encore qu'il ait persisté dans sa demande jusqu'à la sentence. C'est donc moins l'attaque contre la mémoire du défunt qui est punie, que

(1) Dig., l. 76, De legatis, 2° XXXI; Code, l. 13, De inofficioso testamento, III, 28.

(2) Dig., l. 29, De exception. rei judicatæ, XLIV, 2.

(3) Dig., l. 8, § 5, De inofficioso testamento, V, 2.

l'entêtement à persister dans la *querela* quand il apparaît déjà, d'après les faits de la cause, que le défunt n'a pas agi comme un insensé, mais bien comme un homme dans toute le plénitude de sa raison. On comprend que le légitimaire se fasse illusion à lui-même sur sa conduite à l'égard du défunt; mais ce que l'on ne peut comprendre, c'est qu'il persiste dans sa demande; c'est qu'il ne se retire pas de lui-même tout honteux; c'est qu'il faille le renvoyer de la plainte par une sentence, quand il lui est démontré qu'il a mérité son exhérédation ou son omission (1).

La persistance *in lite improba*, selon l'expression d'Ulpien, n'était cependant pas toujours frappée de la perte, pour le légitimaire, de tous les avantages qui lui avaient été faits par le testament. Son jeune âge, sa position font quelquefois fléchir la règle. Ainsi on pardonne au mineur de 25 ans; il n'a pas compris ce qu'il y avait d'odieux dans sa conduite. On se montre également indulgent à l'égard de celui qui a exercé la *querela* en qualité de tuteur; car si le respect dû à la mémoire du défunt lui dit d'abandonner l'instance, l'obligation qu'il a contractée envers son pupille exige qu'il y persiste jusqu'à la dernière extrémité (2).

Enfin, troisième exception, la règle n'est pas appliquée au légataire qui, devenant héritier d'un légitimaire, ne fait que continuer le procès commencé par celui-ci (3).

En recueillant l'hérédité du légitimaire, il n'y trouve pas le lien du sang qui unissait celui-ci au testa-

(1) Dig., l. 8, § 14, De inofficioso testamento, v, 2.
(2) Dig., l. 5, § 9, De his quæ ut indignis auferuntur, xxxiv, 9.
(3) Dig., l. 22, §§ 2 et 3, De inofficioso testamento, v, 2.

teur. Il est donc naturel qu'une action qui paraît indigne de la part d'un proche parent paraisse sinon naturelle, au moins excusable, accomplie par l'héritier du légitimaire, c'est-à-dire par un étranger.

CHAPITRE IV.

MODES D'EXTINCTION DE LA QUERELA.

On peut citer cinq causes d'extinction de la *querela* : la transaction, le désistement, la renonciation, l'expiration des délais et la mort.

I. *Transaction*. — La transaction intervenue entre le légitimaire et l'héritier institué éteint la *querela*. Mais il faut que l'héritier remplisse les engagements qu'il a pris à l'égard du légitimaire, sans quoi le droit d'intenter la *querela* renaît pour celui-ci dans toute sa force (1).

La transaction a entre les parties la même autorité que la chose jugée : « Non minorem auctoritatem transactionum, nous disent les empereurs Dioclétien et Maximien, quam rerum judicatarum esse recta ratione placuit (2). »

Mais, comme elle, la transaction n'est pas opposable aux tiers ; c'est à leur égard *res inter alios acta*. Les légataires n'en doivent donc pas souffrir. Cependant, si l'héritier a maintenu par un sacrifice de sa part un testament qui courait risque de tomber comme inofficieux, et cela tout entier, avant Justinien, il sera regardé comme ayant fait

(1) Dig., l. 27, De inofficioso testamento, v, 2.
(2) Code, l. 20, De transactionibus, II, 4.

l'affaire des légataires en même temps que la sienne ; on devrait alors lui accorder le droit de se faire dédommager par eux proportionnellement au profit qu'ils tirent de la transaction contractée avec le légitimaire. Mais l'héritier ne ferait pas la loi aux légataires ; ceux-ci seraient admis à contester soit l'utilité, soit même, cette utilité admise, le taux de la transaction.

II. *Désistement* — « Si quis post rem inofficiosi ordinatam litem dereliquit, postca non audietur, » nous dit Ulpien dans la loi 8, § 1, *De inofficioso testamento,* au Digeste. Ainsi le légitimaire qui abandonne l'instance qu'il avait entamée n'est plus admis à intenter une seconde fois la *querela* dont il s'est une première fois désisté. Mais pour qu'il en soit ainsi, il faut que l'abandon des premières poursuites ne soit pas le résultat d'un dol pratiqué par l'héritier institué ; s'il y avait eu manœuvres frauduleuses contre lui, le légitimaire devrait être admis à renouveler la *querela* (1).

III. *Renonciation.* — Elle peut être expresse ou tacite. Il y a évidemment renonciation expresse quand le légitimaire a déclaré par un écrit séparé ou par une note mise sur le testament qu'il approuve les dispositions prises par le testateur. Mais faut-il que cette déclaration ait été faite après la mort seulement du *de cujus* ou bien pourrait-elle l'avoir été de son vivant même ? Ulpien adopte cette dernière opinion (2). Mais Papinien (3) et Paul la repoussent énergiquement : « Meritis enim, nous

---

(1) Dig., l. 21, pr., De inofficioso testamento, v, 2.

(2) Dig., l. 25, pr., De inofficioso testamento, v, 2.

(3) Dig., l. 16, De suis et legitimis heredibus, xxxviii, 16.

dit Paul, liberos magis quam pactionibus adstringi placuit (1). » C'est la décision de Papinien et de Paul, que nous trouvons consacrée au Code par Justinien (2).

Quant à la renonciation tacite, elle résulte de tous les faits desquels l'on peut induire que le légitimaire approuve le testament.

Il en est ainsi, par exemple, lorsque le légitimaire a accepté un legs que le testament contenait en sa faveur (3). Si à une institution d'héritier ou à un legs il a été mis comme condition par le testateur de payer une somme d'argent ou de remettre une chose au légitimaire, l'acceptation de sa part de cette somme ou de cette chose constitue une approbation tacite du testament. Toutefois, quand il s'agit d'un légataire voulant accomplir la condition mise à la libéralité du défunt, la perte de la *querela* ne sera pas toujours pour le légitimaire le résultat de l'acceptation de ce qui lui est offert en vertu du testament. En effet, suffisante pour faire considérer le légitimaire comme renonçant lorsqu'elle est faite avant tout exercice de la *querela*, l'acceptation de la somme offerte par le légataire n'a plus la même énergie lorsqu'il y a eu déjà commencement de l'instance en inofficiosité. Il faut donc dire que le légitimaire ne sera déchu que s'il a accepté avant d'avoir entamé le procès. Au contraire, quand il s'agit de l'offre faite par l'héritier, il n'y a plus lieu de faire cette distinction ; en effet, ou bien le légitimaire refuse et, la condition n'étant pas accomplie, il n'y a pas de testament ;

(1) Paul, *Sentences*, IV, tit. V, § 8.

(2) Code, l. 35, § 1, De inofficioso testamento, III, 28.

(3) Dig., l. 5, pr., De his quæ ut indignis auferuntur, XXXIV, 9.

ou bien il accepte, et son acceptation valant adhésion au testament, il n'y a plus de *querela* (1). Est déchu de la *querela*, non-seulement celui qui accepte le legs qui lui est directement attribué, mais encore celui qui accepte le legs fait à son fils ou à son esclave, c'est-à-dire à une personne sous sa puissance.

Mais, dans toutes ces hypothèses, la *querela* renaît, si, postérieurement à l'acceptation du légitimaire, un codicille est découvert qui révoque le legs ; en effet, si le légitimaire a approuvé les dispositions prises dans son testament par le défunt, c'est qu'il se trouvait satisfait de ce qu'il recevait lui-même ; le legs disparaissant, il serait souverainement injuste de laisser subsister les effets qu'a produits son acceptation (2).

Le légitimaire devient l'héritier d'une personne à laquelle il a été laissé un legs par le testament qui l'exhérède ou l'omet. La demande de ce legs, non plus en son propre nom ou au nom d'une personne sous sa puissance, mais au nom et comme héritier du titulaire, va-t-elle le faire déclarer déchu de la *querela ?* Paul hésite ; le légitimaire ne réclame pas, il est vrai, le legs en son nom ; mais ne peut-on pas dire cependant qu'il approuve le testament ? le jurisconsulte, sans se prononcer positivement, pense que le plus sûr serait de ne pas réclamer l'exécution du legs (3).

Je ne m'étonne pas de cette solution, surtout quand je vois que, pour être déchu du droit d'intenter la *querela*,

(1) Dig., l. 8, § 10, De inofficioso testamento, v, 2.
(2) Dig., l. 12, § 2, De inofficioso testamento, v, 2.
(3) Dig., l. 32, § 1, De inofficioso testamento, v, 2.

il suffit au légitimaire d'avoir prêté son ministère comme avocat, ou d'avoir agi comme *procurator* dans une demande en exécution d'un legs fait à un autre dans le testament qui l'exhérède ou l'omet (1).

Mais il n'en est plus ainsi lorsque le légitimaire se trouve forcément obligé, et sous peine de manquer à un devoir, d'agir pour le légataire; ainsi, c'est comme tuteur qu'il demande l'exécution du legs. Il n'est plus alors mis dans l'impossibilité d'attaquer le testament comme inofficieux (2).

Nous n'avons pas encore épuisé les hypothèses dans lesquelles il y a approbation tacite du testament par le légitimaire.

Un légitimaire est institué pour une part moins forte que celle à laquelle il a droit; cependant, il paye en proportion de son émolument un créancier de la succession. Il y a approbation du testament et exclusion du droit d'intenter la *querela* (3).

Il peut arriver qu'un légitimaire achète une chose héréditaire, qu'il prenne à loyer des terres de l'hérédité, qu'il s'acquitte dans les mains de l'héritier institué de ses dettes envers le défunt; dans ces différents cas, sauf erreur de sa part, le légitimaire ne peut plus attaquer le testament comme inofficieux (4).

Au contraire, il n'y a pas déchéance du droit d'intenter

---

(1) Dig., l. 32, pr., De inofficioso testamento, v, 2.

(2) Dig., l. 10, § 1, De inofficioso testamento, v, 2; Instit., l. II, tit. XVIII, § 4.

(3) Code, l. 8, § 1, De inofficioso testamento, III, 28.

(4) Dig., l. 23, § 1, De inofficioso testamento, v, 2.

la *querela* quand le profit qui advient au légitimaire n'est que le résultat indirect de quelque disposition du défunt. Ainsi, le légitimaire était avec Titius débiteur corréal du testateur; celui-ci, exhérédant ou omettant le légitimaire, a légué à Titius la libération de la dette. Titius se fait faire remise de la dette par l'héritier, au moyen d'une acceptilation. Cette acceptilation, si les débiteurs étaient associés, aura bien pour effet d'opérer la libération du légitimaire, en même temps que celle de Titius. Mais c'est un effet qui se produit par la force même des choses; il n'y a eu aucun fait de la part du légitimaire : il ne peut donc être considéré comme ayant renoncé à intenter la *querela inofficiosi testamenti* (1).

IV. *Expiration du délai dans lequel la demande en inofficiosité doit être formée.* — Ce délai fut d'abord de deux ans (2); il fut plus tard porté à cinq ans (3).

A la différence de la *querela*, j'ai déjà eu occasion de le faire remarquer, l'action en complément de la légitime est perpétuelle.

Quel est le point de départ du délai assigné à l'exercice de la *querela?* Une controverse existait à cet égard. Modestin fait courir le délai de la mort du testateur; Ulpien, seulement de l'adition d'hérédité.

L'opinion d'Ulpien est préférable à celle de Modestin, et cela pour deux raisons : d'abord, tant qu'il n'y a pas eu adition, il est encore possible que la succession s'ouvre *ab intestat*, et alors la *querela* devient complète-

---

(1) Dig., l. 12, § 3, De inofficioso testamento, v, 2.

(2) Pline, *Lettres*, v, 2

(3) Dig., l. 8, § 7, et l. 9, De officioso testamento, v, 2.

ment inutile. En second lieu, pour intenter la *querela*, il faut un adversaire au légitimaire, et c'est l'adition seule qui le lui donne. Aussi, cette opinion est-elle consacrée par Justinien ; il assigne en outre à l'héritier institué un délai dans lequel il doit avoir fait adition, six mois à compter du décès lorsque l'héritier et le légitimaire habitent la même province, un an dans l'hypothèse contraire (1).

Dans deux cas, et par exception, on ne tient pas compte de l'expiration du délai assigné à l'exercice de la *querela :*

1° Lorsqu'engagé déjà dans un procès où la validité du testament se trouve en question, le légitimaire s'est réservé la *querela* comme moyen subsidiaire (2);

2° Lorsque, malgré l'expiration du délai, il est admis *ex magna et justa causa* à l'exercice de la *querela* (3). Seulement, les affranchissements prononcés directement par le testament sont maintenus, sauf, pour le légitimaire, le droit d'exiger le prix moyen d'un esclave pour chaque affranchissement.

V. *Mort du légitimaire.* — Si le légitimaire n'a pas exercé la *querela* ou tout au moins manifesté l'intention de l'exercer, sa mort éteint le droit d'attaquer le testament comme inofficieux (4).

Justinien innova sur ce point; il décida que la *querela* passerait du légitimaire à ses descendants, laissant sub-

---

(1) Code, l. 36, § 2, De inofficioso testamento, III, 28.
(2) Code, l. 16, De inofficioso testamento, III, 28.
(3) Dig., l. 8, § 17, De inofficioso testamento, V, 2.
(4) Dig., l. 6, § 2, et l. 17, De inofficioso testamento, V, 2.

sister les anciens principes quand le légitimaire avait des étrangers pour héritiers (1).

APPENDICE.

DES DONATIONS FAITES CONTRAIREMENT A L'OFFICIUM PIETATIS.

L'homme qui met en oubli les liens du sang et qui veut priver ses héritiers légitimes du droit qui leur est accordé sur sa fortune, est bien plus disposé à le faire par testament que par donation. En effet, les institutions d'héritiers et les legs ne frappent que la famille du testateur, tandis qu'en disposant de ses biens entre-vifs, le donateur, avant de dépouiller ses proches, commence par se dépouiller lui-même. L'intérêt personnel est donc un premier frein mis par la nature de l'homme même à l'exagération des donations entre-vifs. Aussi, le droit romain ne s'est-il occupé de restreindre au profit des héritiers du sang la liberté de disposer entre-vifs que bien après avoir limité le danger de leur exhérédation ou de leur omission. La *querela inofficiosi testamenti* existe déjà sous Trajan; le droit d'attaquer les donations comme contraires à l'*officium pietatis*, n'apparaît pour la première fois que sous Alexandre Sévère; c'est donc un intervalle de près d'un siècle et demi. Pendant cette période, l'homme qui se révolte assez contre les liens du sang pour consentir à se frapper lui-même, pourvu que le

(1) Code, l. 34 et 36, § 2, De inofficioso testamento, v, 2.

coup qui l'atteint retombe plus tard sur les héritiers que la loi lui défend de dépouiller entièrement par acte de dernière volonté, pouvait donc arriver à ses fins en consumant son patrimoine en donations entre-vifs.

Vers l'an 550 de Rome, il est vrai, trois siècles avant l'ère chrétienne, une loi Cincia avait défendu de donner entre-vifs au delà d'une certaine somme, si ce n'est à certaines personnes que nous trouvons énumérées dans les fragments du Vatican (1). « Mais, nous dit Ulpien, c'est une loi imparfaite que celle qui se contente de défendre une chose sans annuler ce qui a été fait contrairement à ses prohibitions, sans frapper d'une peine celui qui les a transgressées (2). » La loi Cincia était l'une de ces lois imparfaites, c'est encore Ulpien qui nous l'apprend (3). Elle donnait seulement le droit de se soustraire à une promesse irréfléchie; mais, le dépouillement du donateur effectué, la donation ne pouvait plus être attaquée, même pour ce qui excédait le taux fixé par la loi. De plus, ceci est important à noter, cette protection si faible n'était accordée qu'au donateur seul; elle ne passait à ses héritiers que lorsqu'il avait manifesté l'intention formelle d'en user (4); il n'y avait donc pas là protection pour la famille. De plus, comme je l'ai dit, la loi Cincia exceptait certaines personnes de ses prohibitions; elle ne défendait que les donations exagérées, de telle sorte qu'il était facile de consumer son patri-

(1) Fragm. du Vatican, §§ 298-309.

(2) Ulpien, fragm. De legibus et moribus, § 2.

(3) Ulpien, frag. De legibus et moribus, § 1.

(4) Frag. du Vatican, § 266.

moine en respectant même cette loi : il suffisait de ne donner qu'à des personnes exceptées des prohibitions de la loi Cincia, ou de ne faire de donations que dans les limites fixées, mais en les multipliant.

Il y avait donc danger de voir violer par un détour les règles posées en faveur des héritiers légitimes; ce danger se trouvait, il est vrai, restreint par l'intérêt personnel, mais enfin il existait. Aussi, à partir du règne d'Alexandre Sévère, il est permis d'attaquer comme inofficieuses les donations entre-vifs. Mais la *querela inofficiosæ donationis* n'apparaît encore que comme un développement de la *querela inofficiosi testamenti* (1); il faut donc qu'il y ait un testament. Dans ce cas, pour calculer la légitime, on fait une réunion fictive des biens donnés entre-vifs à ceux qui se trouvent encore dans le patrimoine du testateur au jour de son décès. Il est donc encore possible à un homme de consumer son patrimoine en donations s'il ne laisse pas de testament.

En 258, les empereurs Valérien et Gallien accordent le droit d'attaquer les donations faites par un homme dont la succession est réglée *ab intestat* (2). Il est alors vrai de dire qu'il existe une *querela inofficiosæ donationis*.

Cette *querela* ressemble presque entièrement à la *querela inofficiosi testamenti*. Elle doit être intentée dans le même délai; les causes qui peuvent expliquer le dépouillement de sa famille par le donateur sont les mêmes que celles exigées pour le maintien de l'exhédération ou

---

(1) Code, l. 2, De inofficiosæ donationis, III, 29.
(2) Code, l 3, De inofficiosæ donationis, III, 29.

de l'omission; l'approbation de la donation par le légitimaire l'exclut du droit d'attaquer cette donation, comme l'approbation donnée au testament éteint la *querela inofficiosi testamenti;* enfin, comme celle-ci, la *querela inofficiosæ donationis* n'est accordée que comme suprême ressource et à la dernière extrémité.

Une seule différence existe entre les deux actions, mais elle est importante : la *querela inofficiosi testamenti* fait tomber le testament tout entier; la *querela inofficiosæ donationis* amène seulement la réduction de la donation jusqu'à concurrence de la légitime.

Ces différentes règles ne s'appliquent point aux constitutions de dot; elles y furent soumises par un rescrit de l'empereur Constance, en 358 (1).

---

(1) Code, loi unique, De inofficiosis dotibus, III, 30.

DROIT FRANÇAIS.

PRÉLIMINAIRES.

Institutions protectrices de la famille antérieures au Code Napoléon.

Avant 1789, la France, en ce qui touche le droit privé, se divisait en deux parties bien distinctes : les pays de droit écrit et les pays de coutume. La légitime du droit romain régnait en souveraine dans le midi de la France; dans les provinces du Nord, introduite par l'effort de la jurisprudence, consignée dans le texte même des coutumes, lors de leur réformation, la légitime se trouva en présence de la réserve coutumière, qui, jusqu'à cette époque, avait été la seule protection accordée à la famille par le droit coutumier.

Réserve coutumière d'une part, légitime de l'autre, telles furent donc, dans les pays de coutume, les limites dans lesquelles se trouva restreinte la disposition des biens ; mais de nombreuses et graves différences existaient entre ces deux institutions :

1° L'une venait du droit national ; l'autre avait sa source dans le droit romain :

2° La réserve avait pour but de conserver les biens dans les familles, et ne s'appliquait qu'aux propres. La légitime, qui devait avoir pour résultat d'assurer l'existence de l'héritier du sang, frappait d'indisponibilité une portion de tous les biens, sans distinction de propres ou d'acquêts.

3° La réserve était dans quelques coutumes du tiers, dans la plupart des quatre quints, c'est-à-dire des quatre cinquièmes des propres. Quant à la légitime, sa quotité variait selon les différentes coutumes ; les unes, et parmi elles la coutume de Paris, la fixaient à la moitié de la portion *ab intestat;* d'autres suivaient les règles du droit romain ; d'autres enfin restaient muettes sur cette question, et leur silence soulevait une grave controverse : il s'agissait de savoir s'il fallait appliquer, dans les pays qu'elles régissaient, la quotité du droit romain ou celle de la coutume de Paris.

4° La réserve était attribuée, quel que fût son degré, au parent de la ligne de laquelle provenaient les propres. La proximité du sang seule faisait la règle de l'attribution de la légitime ; les enfants y avaient un droit incontesté. Quant aux ascendants, la plupart des coutumes se refusaient à leur accorder une légitime ; quelques-unes seulement, au nombre desquelles se trouvait la coutume d'Orléans, se rapprochaient des principes suivis dans les pays de droit écrit. En général, les frères et sœurs n'avaient pas de légitime proprement dite ; mais on leur accordait le droit d'attaquer le testament qui leur préférait des personnes d'une conduite honteuse. Ils obtenaient de cette façon, non la légitime, mais l'annulation du testament, et, par suite, la totalité de la succession; on les admettait également à faire tomber les donations, pourvu encore que les donataires fussent des personnes infâmes.

5° Tout le monde s'accordait à dire que pour réclamer, soit par voie d'action, soit par voie de rétention, la réserve, il fallait se porter héritier. En ce qui touche la légitime, au contraire, on faisait une distinction; pour la réclamer par voie d'action, il fallait justifier de la qualité d'héritier, mais le renonçant pouvait, par voie d'exception, retenir sur les biens qui lui avaient été donnés par le *de cujus*, et la portion disponible et sa part dans la légitime.

6° Enfin, les dispositions testamentaires seules donnaient lieu à la réclamation de la réserve; la conservation des biens dans la famille n'était assurée contre l'excès des libéralités entre-vifs que par le principe de l'irrévocabilité des donations, c'est-à-dire par l'intérêt personnel. En consentant à se dépouiller lui-même de son vivant, le donateur pouvait donc arriver à dépouiller sa famille.

Au contraire, la légitime était à l'abri de toute atteinte; elle ne pouvait être entamée ni par dispositions testamentaires, ni par donations entre-vifs.

Dans l'intervalle qui sépara la révolution de 1789 de la confection du Code Napoléon, un décret du 17 nivôse de l'an II, supprime toute distinction entre les propres et les acquêts; tout homme qui laisse des enfants ne peut disposer que d'un dixième de ses biens ; la portion disponible s'élève au sixième lorsque l'on se trouve en présence d'ascendants ou de collatéraux, quelque éloignés qu'ils soient.

Le système de ce décret n'avait qu'un mérite, sa simplicité ; il rencontra de vives résistances, et ne put même rester en vigueur jusqu'à la confection du Code. Dans une loi du 4 germinal de l'an VIII, la portion disponible est fixée au quart des biens lorsqu'il y a un, deux ou trois enfants ; au cinquième, lorsqu'il y en a quatre ; au sixième, lorsqu'il y en a cinq, ainsi de suite; en d'autres termes, à partir de trois enfants, le disponible est représenté par une fraction à laquelle on donne pour dénominateur le nombre des enfants augmenté d'une unité. S'il y a des ascendants, des frères ou sœurs, le disponible est de moitié; il est des trois quarts si le défunt ne laisse que des collatéraux plus éloignés que le degré de frère, mais ne dépassant pas celui d'enfant de cousin-germain.

CODE NAPOLÈON.

DE LA RÉSERVE ET DE LA RÉDUCTION.

PREMIÈRE PARTIE.

DE LA RÉSERVE.

Le Code Napoléon n'accorde de réserve qu'aux descendants et aux ascendants. Le projet présenté au conseil d'Etat par sa section de législation proposait de limiter au profit des frères et sœurs et de leurs descendants la faculté de disposer par testament, mais non celle de disposer entre-vifs. L'article du projet était ainsi conçu : « A défaut de descendants et d'ascendants, s'il y a, au « temps du décès, des frères ou sœurs ou des descen- « dants d'eux, la loi leur réserve le quart de ce qui leur « reviendrait, s'il n'y avait pas de donations entre-vifs « ou testamentaires, sans néanmoins qu'à raison de cette « réserve, les donataires par actes entre-vifs autres que « les successibles puissent être exclus en tout ou en « partie des biens à eux donnés. »

D'abord adoptée par le conseil d'État en faveur des frères et sœurs et des neveux et nièces seulement qui viendraient par représentation en concours avec les frères et sœurs, cette réserve fut définitivmeent rejetée sur les observations du Tribunat. « A défaut de descendants et « d'ascendants, dit l'art. 916, les libéralités par actes « entre-vifs ou testamentaires peuvent épuiser la totalité « des biens. »

CHAPITRE PREMIER.

RÉSERVE DES DESCENDANTS.

SECTION I.

Quotité de cette réserve.

« Les libéralités, soit par actes entre-vifs, soit par « testament, nous dit l'art. 913, ne peuvent excéder la « moitié des biens du disposant, s'il ne laisse à son dé- « cès qu'un enfant légitime, le tiers s'il laisse deux en- « fants, le quart s'il en laisse trois ou un plus grand « nombre. »

En nous indiquant la limite dans laquelle tout individu, ayant des enfants, peut disposer à titre gratuit de ses biens, soit de son vivant, soit pour le temps qui suivra sa mort, la loi nous donne forcément le chiffre de la réserve, puisqu'elle se compose précisément des biens qui restent en dehors de la quotité disponible. La réserve est donc de la moitié des biens lorsque le défunt laisse un enfant, des deux tiers s'il en laisse deux, des trois quarts s'il en laisse trois ou un plus grand nombre.

Le Code Napoléon, par cette fixation de la réserve, évite deux reproches, l'un bien souvent adressé au droit romain et à la Novelle 18, l'autre au système de la loi de germinal an VIII. En effet, la Novelle 18 attribuait aux enfants un tiers des biens en légitime lorsqu'ils étaient au nombre de quatre seulement, et moitié à partir du nombre cinq ; il en résultait qu'en supposant quatre enfants, chacun avait droit à un douzième, tandis que dans l'hypothèse de cinq enfants, la part de chacun était d'un dixième. Plus le nombre des enfants augmente et plus petite doit être la part attribuée à chacun ; c'est le contraire qui d'après la Novelle pouvait se présenter. La loi de germinal ne méritait pas ce reproche, mais elle en méritait un autre : elle ne mettait pas de terme à la diminution de la portion disponible, de telle sorte que, dans les nombreuses familles, la faculté de disposition accordée au père devenait illusoire; c'était une atteinte portée à la puissance paternelle ; il faut qu'un père puisse, dans une certaine limite, récompenser ou punir.

Le Code, je le répète, a su éviter ces deux écueils. La bizarrerie reprochée à la Novelle ne peut plus se présenter, et le père de famille a toujours le quart au moins de sa fortune qu'il peut répartir à son gré.

En employant le mot enfant, la loi ne veut-elle, pour le calcul de la réserve, prendre en considération que les descendants au premier degré ? Ou bien faut-il sous cette expression comprendre aussi les autres descendants ? La réponse à cette question se trouve dans l'art. 914; il est ainsi conçu :

« Sont compris sous le nom d'enfants les descendants « en quelque degré que ce soit ; néanmoins ils ne sont

« comptés que pour l'enfant qu'ils représentent dans la « succession du disposant. »

Aux termes de l'art. 740, il y a lieu à la représentation définie par l'art. 739 dans deux cas, lorsque les enfants du défunt concourent avec les enfants d'un autre enfant prédécédé, ou bien encore lorsque, tous les enfants du défunt étant morts avant lui, les descendants de ces enfants se trouvent entre eux à des degrés égaux ou inégaux.

Ainsi, un homme laisse un fils et deux petits-enfants issus d'un fils prédécédé; la réserve se règlera comme s'il eût laissé deux fils : elle sera des deux tiers de la succession; les petits-enfants prendront à eux deux la part qui y aurait été attribuée à leur père.

Il en serait de même si l'on se trouvait en présence de petits-enfants nés de deux fils prédécédés. Par exemple, Primus et Secundus, les fils du *de cujus,* sont morts avant lui; ils laissaient le premier un enfant, l'autre trois. Les quatre petits-enfants n'auront droit qu'à la réserve qui aurait été accordée à leurs pères, c'est-à-dire à une réserve des deux tiers de la succession. De ces deux tiers, on en donnera un au fils de Primus; les trois enfants de Secundus n'auront droit à eux tous qu'à l'autre tiers, qu'ils se partageront par égales portions.

Pas de difficulté dans ces hypothèses; mais que décider, si nous nous trouvons dans un cas où la représentation ne pourrait plus avoir lieu ? Il s'agit par exemple de trois petits-enfants nés d'un fils unique prédécédé ou renonçant. Faut-il dire que ces petits-enfants n'auront droit qu'à la réserve qu'aurait pu réclamer leur père, ou bien au contraire que c'est d'après leur nombre que doit être fixée la portion de sa fortune dont la disposition est interdite au défunt? On voit l'intérêt de la question : si l'on suit la première opinion, la réserve sera de moitié; ceux qui adopteront la seconde devront au contraire porter la réserve aux trois quarts.

C'est ce dernier système qui est suivi par un des premiers auteurs qui ont écrit sur la portion disponible, M. Levasseur (1). Voici comment il raisonne : L'art. 914 contient deux dispositions: l'une qui, par sa combinaison avec l'article précédent, attribue le droit de réserve aux descendants à quelque degré qu'ils soient, en les comprenant sous le nom d'enfants; l'autre, qui veut que ces descendants ne soient comptés que pour l'enfant qu'ils représentent dans la succession du disposant. Or, dit-il, les petits-enfants ne *représentent* pas leur père, fils unique prédécédé, puisque dans ce cas ils sont appelés de leur chef. La représentation suppose que celui qui en fait usage, en a besoin pour rapprocher son degré de parenté, pour concourir, par exemple, avec ses oncles ou ses tantes; dans l'espèce, il n'y a pas lieu à cette fiction de la loi.

Mais M. Levasseur est resté seul de son opinion; tous ceux qui depuis lui ont écrit sur la matière qui nous occupe ont énergiquement repoussé son système. En effet, il est impossible de séparer, comme il le fait, les deux phrases de l'art. 914; elles sont étroitement liées l'une à l'autre non-seulement par le sens, mais encore matériellement par l'adverbe *néanmoins*. Vouloir prendre le verbe *représenter* dans son acception juridique, c'est, si l'on est logique, arriver à cette conséquence impossible que les petits-enfants dans notre hypothèse n'ont aucun

(1) Levasseur, *Portion disponible*, p. 26.

droit à la réserve. Voici le raisonnement qu'il faudrait faire : les petits-enfants sont compris sous le mot enfants; néanmoins, ils ne sont comptés que pour l'enfant qu'ils représentent; représenter une personne, c'est emprunter son degré pour arriver à la succession. Lorsqu'il s'agit de petits-enfants issus d'un fils unique prédécédé, ils n'ont pas besoin pour arriver à la succession d'emprunter le degré qu'occupait leur père; ils sont appelés de leur chef, ils ne représentent pas leur père; donc, ils n'ont pas de réserve. Ce résultat est inadmissible, et pourtant c'est le seul auquel on puisse arriver si l'on donne aux mots « qu'ils représentent » le sens dans lequel veut les prendre M. Levasseur. Ce n'est pas ainsi qu'il faut entendre ces mots. En effet, le verbe *représenter* n'est pas seulement pris dans une acception théorique et légale ; il a aussi un sens pratique, et alors *représenter* une personne, c'est tout simplement la remplacer. Dans le langage pratique, on dira que les enfants sont les *représentants* de leur père lorsqu'ils succèdent à sa place, et cela quand bien même ils succéderaient de leur propre chef. C'est dans ce sens large que la loi s'est ici servie du verbe *représenter*. Sa pensée, la voici : « Les petits-enfants ne comptent que pour l'enfant dont *ils sont issus*. »

Et d'ailleurs à quelle bizarre conséquence conduirait le système contraire! Un homme a deux fils, il peut donc disposer d'un tiers de sa fortune. Ces deux fils viennent à mourir laissant six petits-enfants; il y a lieu à la représentation; les petits-enfants, et ils sont six, n'auront toujours droit qu'aux deux tiers de la fortune comme réserve. Au contraire, un homme n'avait qu'un fils; ce fils est mort lui laissant trois petits-enfants; le grand-père, dans ce cas, d'après le système que je combats, ne pourrait plus disposer que d'un quart de sa fortune. Trois petits-enfants nés d'un seul fils seront plus protégés que tous les petits-enfants nés de deux fils, quel que soit leur nombre. Il suffit d'énoncer un pareil résultat pour rejeter le système de M. Levasseur (1).

En fixant la quotité de la réserve et en établissant qu'elle augmente avec le nombre des enfants jusqu'à concurrence des trois quarts de la succession, l'art. 913 ne parle que des enfants légitimes; nous allons voir cependant qu'ils ne sont pas les seuls que la loi ait entourés de sa protection.

SECTION II.

Quels enfants ont droit à la réserve.

§ 1er. — Enfants légitimés.

Les enfants nés hors mariage, pourvu qu'ils ne soient pas le fruit d'un commerce adultérin ou incestueux, peuvent être légitimés par le mariage subséquent de leur père et de leur mère. Il suffit pour cela qu'ils aient été légalement reconnus avant le mariage ou qu'ils le soient dans l'acte même de célébration (art. 331).

Par la légitimation, l'enfant qui en est l'objet acquiert

---

(1) *Sic* Delvincourt, t. II, p. 218; Toullier, t. V, n° 120; Grenier, *Des donations*, t. II, n° 558; Duranton, t. VIII, n° 290; Zachariæ, Aubry et Rau, § 681; Marcadé, art. 913 et 914; Demante, t. II, p. 136; Bugnet sur Pothier, t. I, p. 273; Vernet, p. 373 et suiv.

tous les droits qui seraient attribués à un enfant légitime (art. 333).

La légitimation peut avoir lieu même en faveur des enfants décédés qui ont laissé des descendants ; et, dans ce cas, elle profite à ces descendants (art. 332).

Ainsi les enfants légitimés, les petits-enfants nés d'un enfant légitimé après sa mort, ont droit à la réserve comme les enfants et petits-enfants légitimes ; c'est un point sur lequel tout le monde est d'accord ; il est inutile d'y insister davantage.

§ 2. — Enfants adoptifs.

Le droit de l'enfant adoptif à la réserve n'a jamais été non plus contesté en présence des termes formels de l'art. 350 : « L'adopté aura sur la succession de l'adoptant les mêmes droits que ceux qu'y aurait l'enfant né en mariage, même quand il y aurait d'autres enfants de cette dernière qualité nés depuis l'adoption. »

Mais sur quels biens s'exercera le droit de l'enfant adoptif? Peut-il attaquer les donations antérieures à l'adoption? L'enfant de l'adopté a-t-il une réserve sur les biens de l'adoptant? Ce sont autant de questions sur lesquelles se divisent les auteurs et que nous ne pouvons passer sous silence.

Sur quels biens porte la réserve de l'enfant adoptif? Peut-il attaquer non-seulement les dispositions testamentaires, mais encore les donations entre-vifs?

D'après M. Delvincourt, l'art. 350 n'accorde à l'enfant adoptif que des droits sur la succession de l'adoptant ; sa réserve ne porte que sur les biens qui se trouvent dans le patrimoine de l'adoptant au jour de son décès; l'adopté ne doit donc pas être admis à critiquer les donations entre-vifs (1).

Cette opinion est inadmissible. En effet, l'art. 350 dit-il que l'adopté n'aura droit qu'aux biens que l'adoptant voudra bien laisser dans sa succession? En aucune façon; il dit, et ce sont ses propres termes : « L'adopté aura sur la succession de l'adoptant les mêmes droits qu'y aurait un enfant né en mariage. » Quel est donc le droit à la succession de son père pour l'enfant né en mariage? Il est appelé à recueillir la totalité des biens, et il y a dans ces biens une portion que son père ne peut lui enlever; pour calculer cette portion indisponible, il faut fictivement réunir les biens donnés à ceux qui se trouvent dans le patrimoine du *de cujus* pour n'en composer qu'une seule masse. Si tel est le droit de l'enfant né en mariage, ce doit être aussi celui de l'enfant adoptif, puisqu'il lui est complètement assimilé; il peut donc critiquer non-seulement les dispositions testamentaires, mais encore les donations entre-vifs qui porteraient atteinte à ses droits. C'est un point qui, d'ailleurs, n'est contesté que par M. Delvincourt et sur lequel s'accordent la jurisprudence et le reste des auteurs (2).

La controverse ne devient réellement sérieuse que quand il s'agit de savoir si la réserve de l'enfant adoptif porte seulement sur les donations postérieures à l'adoption, ou

---

(1) Delvincourt, t. I, p. 96, note 5.

(2) *Sic* Cassat., 26 avril 1808. Rej. 29 juin 1825. Duranton, t. III. nos 317 et 318; Merlin, *Questions de droit*. V° Adoption, § 5, n° 1; Coin-Delisle, art. 913 et 914; Vernet, p. 353.

bien s'il peut attaquer les donations antérieures à l'adoption aussi bien que celles qui lui sont postérieures.

Pour soutenir que l'enfant adoptif ne peut attaquer que les donations faites postérieurement à l'adoption, on invoque en premier lieu le principe reconnu de tout le monde, formellement édicté par le Code de l'irrévocabilité des donations entre-vifs. L'adoption est un contrat, dit-on; elle ne peut porter atteinte aux droits antérieurement acquis, sans quoi il dépendrait du donateur de révoquer au moins pour partie la disposition qu'il aurait faite de ses biens par donations entre-vifs, ce qui est impossible. De plus, ajoute-t-on, les enfants adoptifs ne peuvent être assimilés aux enfants nés en mariage en ce qui concerne les donations antérieures à l'adoption; en effet, d'après l'art. 960, la survenance d'un enfant opère révocation des donations; il n'en est pas de même de l'adoption, et cette décision est parfaitement justifiée par la différence qu'il y a entre la naissance d'un enfant et l'adoption. L'adoption n'est que l'effet de la volonté des parties contractantes, et l'on ne peut admettre que l'adoptant ait la faculté de modifier ou d'anéantir par un acte de sa volonté un acte précédent (1).

Il est facile de répondre aux arguments présentés par les partisans de cette opinion.

Réduire les donations antérieures à l'adoption, c'est porter atteinte au principe de l'irrévocabilité des dispositions entre-vifs, voilà leur premier et leur plus fort argument. Mais il n'est pas bien solide; c'est plutôt un

---

(1) *Sic* Toullier, t. II, n° 1011; Grenier, *De l'Adoption*, n°s 40 et 41; Chabot, *Questions transitoires*, V° Adoption, § 5; Riffé, *De l'Adoption*, p. 82.

épouvantail qu'une difficulté sérieuse. Il est vrai qu'il existe un article 894 et un article 943 ; il est vrai que la règle « donner et retenir ne vaut » a passé de notre ancien droit dans notre législation actuelle. Mais quelle est la portée de ce principe de l'irrévocabilité sur lequel insistent tant les partisans de l'opinion que je combats? Le donateur ne peut par sa seule volonté revenir sur la donation qu'il a faite. L'adoption dépend-elle de la seule volonté de l'adoptant? N'est-ce qu'un simple contrat passé entre lui et l'adopté? Là est toute la question. Sans avoir, j'en conviens, des effets aussi étendus qu'en droit romain, l'adoption n'est pas cependant réduite à jouer dans notre législation le simple rôle d'un contrat passé entre deux personnes comme une vente ou un louange.

Il y a autre chose dans l'adoption, et la preuve en est dans les conditions auxquelles elle est soumise par la loi, dans l'intervention de la justice appelée à décider s'il y a ou non lieu à l'adoption, et surtout dans l'inscription qui doit en être faite sur les registres de l'Etat civil. Ce n'est pas un simple contrat que l'acte qui vient modifier l'état civil d'une personne. S'il en est ainsi, le principe de l'irrévocabilité des donations n'est pas en péril ; et nous pouvons sans y porter atteinte décider que la réserve de l'enfant adoptif porte sur les donations même antérieures à l'adoption.

Mais les partisans de l'opinion adverse présentent un autre argument : l'adoption ne fait pas tomber les donations comme la survenance d'enfant; donc la réserve de l'enfant adoptif ne porte que sur les donations postérieures à l'adoption. Il est impossible, répondrai-je, de mettre sur la même ligne la réduction des donations et leur révocation par survenance d'enfant, il est impossible de conclure de l'une à l'autre. Je n'en veux qu'une preuve : un homme a un enfant, il fait une donation, puis il lui survient un second enfant. La donation ne sera pas révoquée par la survenance de cet enfant, mais si elle dépasse la quotité disponible elle sera réduite. Il y a plus : cette quotité disponible, qui était de la moitié, se trouve par la naissance du second enfant réduite au tiers seulement des biens du disposant. Autre chose est en effet la révocation qui opère de plein droit, actuellement, dans l'intérêt du donateur lui-même, autre chose la réduction qui n'opérera qu'éventuellement, lors du décès du disposant et au profit exclusif de ses héritiers réservataires. Il est impossible par conséquent de raisonner de l'une à l'autre; l'adoption ne révoque pas les donations antérieures, cela est très-vrai, mais il n'en résulte pas qu'elle ne puisse les soumettre à la réduction.

En résumé, l'enfant adoptif a droit à la même réserve que l'enfant né en mariage; cette réserve porte tant sur les biens qui se trouvent dans le patrimoine de l'adoptant au jour de son décès que sur ceux qu'il aurait donnés entre-vifs, soit avant, soit après l'adoption (1).

Il ne peut être question de réserve pour l'adopté à l'égard du père de l'adoptant; l'article 350 est formel sur ce point : « L'adopté n'acquerra aucun droit de successibilité sur les biens des parents de l'adoptant. »

---

(1) *Sic* Montpellier, 8 juin 1823. Rej., 29 juin 1825; Merlin, *Questions de droit*, V° Adoption, § 5, n°s 2 et 3; Duranton, t. III, n° 319; Valette sur Proudhon, t. II, p. 222; Marcadé, art. 350; Demolombe, t. VI, n°s 147-162; Vernet, p. 253.

Il ne pouvait en effet dépendre de l'adoptant d'imposer à ses parents des héritiers que la nature ne leur donnait pas et qui n'étaient pas de leur choix. Qu'on ne vienne pas d'ailleurs parler de représentation de l'adoptant par l'adopté dans la succession du père du premier : il est de principe élémentaire en fait de représentation que, pour représenter une personne, il faut avoir d'abord de son chef un droit successif; il faut, si je puis m'exprimer ainsi, être avant tout sur l'échelle qui mène à la succession, pour pouvoir avancer sur cette échelle d'un ou deux degrés.

Mais quant aux enfants de l'adopté, ont-ils droit à la succession de l'adoptant? Peuvent-ils par conséquent prétendre à une réserve sur cette succession?

Un premier système restreint à l'adoptant et à l'adopté les effets de l'adoption, de telle sorte que les enfants de l'adopté ne viendront jamais à la succession de l'adoptant. Ils ne peuvent la réclamer de leur chef; ils ne peuvent, par conséquent, non plus y prétendre par représentation.

Un second système, il appartient à Merlin, fait une distinction parmi les enfants de l'adopté : à ceux dont la naissance est antérieure à l'adoption, il refuse le droit de succéder à l'adoptant; il l'accorde, au contraire, à ceux qui sont nés après l'adoption. Les uns, dit-il, portent le nom de l'adoptant, les autres ne le portent pas; c'est un indice certain de la volonté du législateur; les uns sont regardés comme étant civilement les petits-enfants de l'adoptant, tandis qu'aucun lien ne l'unit aux autres (1).

(1) *Questions de droit*, v° Adoption, § 7.

Enfin, un troisième système accorde à tous les enfants de l'adopté, sans distinction, le droit de recueillir, au défaut de leur père, la succession de l'adoptant. L'adoption a pour but, aux termes d'un considérant d'un arrêt de la Cour de cassation du 2 décembre 1822, de donner aux citoyens que les circonstances ont éloignés des liens du mariage ou dont le mariage a été jusque-là stérile, la faculté de se créer une descendance fictive, semblable dans ses résultats à la descendance naturelle dont ils sont privés. Ne serait-ce donc pas aller contre le but même de l'adoption que de restreindre ses effets à l'adopté et de n'y point faire participer ses enfants? Un grand nombre d'auteurs ont suivi cette opinion; c'est aussi celle qui a triomphé dans la jurisprudence. Décider autrement, c'est se faire une idée fausse de l'adoption (1).

§ 3. — Enfants naturels, incestueux et adultérins.

Les enfants incestueux et adultérins n'ont pas droit à une réserve; ils ne peuvent réclamer que des aliments sur la succession de leur père ou de leur mère; il est interdit à ceux-ci de leur rien donner au delà de ce qui est nécessaire à leur existence.

L'enfant adultérin ou incestueux n'a rien à réclamer contre la succession de son père ou de sa mère, lorsque

(1) *Sic* Proudhon et Valette, t. II, p. 221; Toullier, t. II, n° 1015; Duranton, t. III, n°s 314 et 327; Odilon Barrot, *Encyclopédie du droit*, V° Adoption, n° 74; Coin-Delisle, art. 913 et 914; Marcadé, t. II, art. 350, n° 4. — Cassat., 2 décembre 1822, Paris, 27 janvier 1824. *Secus* Delvincourt, t. I, p. 96; Grenier, *De l'Adoption*, n° 37; Zachariæ, Aubry et Rau, § 560, note 6; Demolombe, n°s 139-141; Vernet, p. 358.

l'un d'eux lui a assuré des aliments de son vivant ou lui a fait apprendre un art mécanique.

Quand il y a lieu d'accorder une pension alimentaire à l'enfant adultérin ou incestueux, elle est réglée par les tribunaux; ils doivent prendre en considération, pour la fixation du chiffre, la fortune du défunt, le nombre et la qualité des héritiers légitimes.

Quant aux enfants naturels reconnus, la question de savoir s'ils ont droit à une réserve, controversée dans les premiers temps qui suivirent la promulgation du Code, ne fait plus doute aujourd'hui ni dans la doctrine ni dans la jurisprudence.

Un moyen est cependant offert par la loi au père ou à la mère d'écarter l'enfant naturel de la succession et d'éviter les tristes et scandaleux débats qui s'élèvent si souvent entre les descendants légitimes et les descendants naturels. Il faut, pour cela, que l'enfant naturel ait reçu, du vivant de celui à la succession duquel il pourrait prétendre, la moitié de la part à laquelle il aurait eu droit, avec déclaration expressément faite par le père ou la mère que son intention est de réduire l'enfant à cette portion. C'est une sorte de transaction qui intervient alors entre l'enfant naturel et son auteur; il y a souvent avantage pour lui à renoncer à ses droits successifs en échange d'une somme qu'il touche immédiatement et avec laquelle il peut entreprendre une industrie ou un commerce.

En l'absence de cette transaction, l'art. 757 attribue à l'enfant naturel une fraction de la part qu'il aurait eue s'il avait été légitime, fraction qui varie suivant le rang des héritiers légitimes avec lesquels il se trouve appelé à concourir : le tiers en présence de descendants, la moitié en présence d'ascendants et de collatéraux privilégiés, les trois quarts en présence de collatéraux ordinaires. Le droit de l'enfant naturel sur la succession de celui qui l'a reconnu n'est donc pas établi d'une manière absolue et indépendante ; ce n'est pas telle somme à prendre ; c'est une portion de la part qui serait attribuée à un enfant légitime. Donc, tout ce que pourrait réclamer un enfant légitime, l'enfant naturel peut aussi le demander ; le droit est le même dans sa nature pour l'un et pour l'autre ; il ne diffère que par sa quotité.

Il résulte évidemment de là que l'enfant naturel doit avoir une réserve ; seulement, elle sera moins forte que celle à laquelle pourrait prétendre un enfant légitime. Et d'ailleurs, ce qui vient encore prouver la vérité de cette opinion, c'est que la loi ne s'inquiète pas d'attribuer à l'enfant naturel une créance alimentaire sur la succession de son père ou de sa mère. Lui refuser une réserve, ce serait alors le traiter plus rigoureusement qu'un enfant adultérin ou incestueux.

Si le droit de l'enfant naturel à une réserve est aujourd'hui hors de doute, il subsiste encore de graves controverses quand il s'agit de décider sur quels biens se prendra cette réserve, et aussi quand il faut en déterminer la quotité.

M. Delvincourt soutient un système analogue à celui que nous lui avons vu défendre plus haut au sujet de la réserve des enfants adoptifs. Il s'attache servilement aux termes de l'art. 757 comme il le faisait pour l'art. 350. Il y lit ces mots : « Le droit de l'enfant naturel sur les biens de ses *père* ou *mère décédés* est réglé ainsi qu'il

« suit; » et il en conclut que la réserve de l'enfant naturel ne peut porter que sur les biens qui se trouvent encore dans la succession au moment du décès; en d'autres termes, l'enfant naturel ne peut attaquer les donations entre-vifs qui portent atteinte à ses droits (1). Un arrêt de la Cour de Lyon du 16 juillet 1828 a été rendu dans ce sens.

Mais, ici comme pour les enfants adoptifs, l'opinion de M. Delvincourt est généralement repoussée par les auteurs et par la jurisprudence. Accorder une réserve à l'enfant naturel, puis admetttre un pareil système, c'est n'être pas conséquent avec soi-même; c'est d'une main offrir un secours à l'enfant naturel et l'en écarter de l'autre. Ce ne peut être là ce qu'a voulu la loi. L'enfant naturel reconnu est assimilé par elle à l'enfant légitime pour l'exercice des droits successifs; seulement, à cause de l'irrégularité de sa filiation, elle lui fait subir une diminution dans ces droits. C'est en partant de cette idée qu'on arrive à dire que l'enfant naturel doit avoir une réserve; si on l'a toujours présente à l'esprit, on est obligé de reconnaître que cette réserve, quoique différente dans sa quotité, est, dans sa nature, de tout point semblable à celle de l'enfant légitime. Elle porte donc à la fois et sur les biens qui se trouvent encore dans le patrimoine du *de cujus* au jour de son décès, et sur ceux dont il aurait disposé par donations entre-vifs (2).

D'accord sur ce point, on se sépare aussitôt; les uns

(1) Delvincourt, t. II, p. 54.

(1) *Sic* Douai, 14 août 1811; Amiens, 26 novembre 1811; Besançon, 11 décembre 1828; Rej., 27 avril 1830; Rej., 28 juin 1831; Toulouse, 15 mars

restreignent aux donations entre-vifs postérieures à sa reconnaissance le droit de réserve de l'enfant naturel, les autres l'étendent au contraire aux libéralités antérieures.

L'enfant naturel, disent les partisans de la première opinion, n'acquiert un droit à l'égard des tiers que par sa reconnaissance; ainsi, tout ce qui a été fait antérieurement doit être respecté par lui; et puis, comme ceux qui soutiennent ce système sont les mêmes qui prétendent que l'adopté ne peut attaquer que les donations postérieures à l'adoption, ils raisonnent de l'analogie qu'il y a entre l'adoption et la reconnaissance d'un enfant naturel.

Il y a analogie, il est vrai, entre l'adoption et la reconnaissance, c'est la seule vérité que renferme ce système; mais nous, qui avons admis que l'adopté peut attaquer les libéralités entre-vifs sans distinction aussi bien que les dispositions testamentaires, nous sommes forcément conduits à donner la même décision à l'égard de l'enfant naturel. Encore une fois, bien qu'avec une restriction dans la quotité de son droit, l'enfant naturel est assimilé à un enfant légitime quand il s'agit de la succession de celui qui l'a reconnu. Il n'est jamais venu et il ne viendra jamais à l'esprit de personne de prétendre que l'enfant survenu depuis la donation faite par son père ne peut en demander la réduction quand sa naissance n'a pas pour effet de révoquer cette donation.

1834. Merlin, *Questions*, V°. Réserve; Levasseur, n° 65; Grenier, *Donations*, t. II, n°s 657 et suiv.; Duranton, t. VI, n°s 309 et suiv.; Toullier, t. IV, n° 263; Loiseau, *Des Enfants naturels*, p. 677; Vernet, p. 514; Belost-Jolimont sur Chabot, art. 756, obs. 5; Vazeille, art. 761, n° 5; Malpel, n° 162.

Il y a même plus : si l'on va jusqu'à supposer la fraude, elle est moins à craindre pour les donataires en présence d'un enfant naturel qu'en présence d'un enfant légitime. En effet, aux termes de l'art. 339, la reconnaissance peut être contestée par tous ceux qui y ont intérêt ; au contraire, les tiers ne sont pas admis à intenter l'action en désaveu ou en contestation de légitimité. Il n'y a donc pas de distinction à faire entre les donations antérieures ou postérieures à la reconnaissance ; la réserve de l'enfant naturel porte sur les unes et sur les autres (1).

J'arrive à la quotité de la réserve de l'enfant naturel.

Les art. 757 et 758 déterminent la part de l'enfant naturel dans la succession de son père ou de sa mère ; ces articles sont ainsi conçus : « Art. 757 : Si le père ou la « mère a laissé des descendants légitimes, le droit de « l'enfant naturel est d'un tiers de la portion héréditaire « qu'il aurait eue s'il eût été légitime ; il est de la moitié « lorsque les père ou mère ne laissent pas de descen- « dants mais bien des ascendants ou des frères ou sœurs ; « il est des trois quarts lorsque les père ou mère ne lais- « sent ni descendants, ni ascendants, ni frères, ni « sœurs. »

Art. 758 : « L'enfant naturel a droit à la totalité des « biens lorsque ses père ou mère ne laissent pas de pa- « rents au degré successible. »

(1) *Sic* Amiens, 26 novembre 1811 ; Toulouse, 15 mars 1834 ; Duranton, t. VI, n° 311 à la note, et n° 313 ; Malpel, n° 162 ; Vazeille, art. 761, n° 5 ; Belost-Jolimont sur Chabot, art. 756, observ. 5 ; Vernet, p. 514 et 515. — *Secus* Rouen, 27 janvier 1844 ; Merlin, *Répert.*, V° Réserve, sect. 4, n° 9 ; Grenier, *Donations*, t. II, p. 665 ; Toullier, t. IV, n° 263 ; Chabot, art. 756, n° 20.

Ces articles contiennent implicitement la fixation de la réserve à laquelle a droit l'enfant naturel : en présence de descendants légitimes, elle est du tiers de celle qu'il eût pu réclamer s'il était lui-même enfant légitime ; de la moitié de cette même réserve en présence d'ascendants ou de collatéraux privilégiés ; des trois quarts en présence de collatéraux non privilégiés. Enfin, si le père ou la mère ne laisse pas de parent au degré successible, l'enfant naturel est traité comme s'il était enfant légitime. Il suffit maintenant de combiner les art. 757 et 758 avec l'art. 913 pour avoir le chiffre même de la réserve de l'enfant naturel.

Le défunt laisse un enfant légitime et un enfant naturel ; ce dernier, s'il eût été légitime, aurait eu pour réserve un tiers de la succession ; il n'a droit qu'au tiers de ce tiers : c'est donc un neuvième qu'il peut réclamer.

Le défunt laisse deux enfants légitimes et un enfant naturel : l'enfant naturel, s'il eût été légitime, aurait eu droit à une réserve du quart ; c'est un tiers de ce quart qui doit lui être attribué, c'est-à-dire un douzième.

Dès que nous arrivons au chiffre de trois enfants légitimes, la réserve est invariablement fixée aux trois quarts de la succession. L'enfant naturel en présence de trois, quatre, cinq enfants légitimes, aurait droit s'il était légitime lui-même à trois seizièmes, trois vingtièmes, trois vingt-quatrièmes ; le tiers seulement doit lui être attribué, c'est-à-dire un seizième, un vingtième, un vingt-quatrième. En un mot, une fois la réserve totale arrivée aux trois quarts de la succession, il faut, pour connaître la part de l'enfant naturel, diviser ces trois quarts par le nombre des enfants en y comprenant l'enfant naturel; on obtient alors une fraction dont le tiers forme la part qui doit être attribuée à cet enfant naturel.

Les règles que je viens de poser restent les mêmes lorsque l'enfant naturel, au lieu de se trouver en face d'enfants légitimes, se trouve placé en face de petits-enfants issus d'enfants légitimes prédécédés. En effet, par la représentation, les droits qu'auraient eus leurs pères sont attribués à ces petits-enfants.

Mais si, au lieu de supposer les enfants légitimes prédécédés, nous les supposons indignes ou renonçants, que que décider alors? Il n'y a plus lieu à la représentation: on ne représente pas les personnes vivantes. Si l'enfant naturel était enfant légitime, la succession tout entière lui appartiendrait à l'exclusion de ses neveux et nièces; sa réserve serait alors de moitié. C'est donc le tiers de cette portion ou un sixième qui formera sa réserve d'enfant naturel.

En présence d'ascendants ou de collatéraux privilégiés, l'enfant naturel, en le supposant légitime, aurait pour réserve la moitié de la succession; il n'a droit qu'à la moitié de cette moitié, c'est-à-dire au quart.

En présence de collatéraux non privilégiés, l'enfant naturel a droit aux trois quarts de la moitié de la succession, c'est-à-dire à trois huitièmes.

Il peut arriver que l'enfant naturel trouve en face de lui, dans une ligne des ascendants, dans l'autre des collatéraux non privilégiés; il faut alors opérer comme s'il s'agissait de deux successions distinctes : l'enfant naturel aura pour réserve un quart de la moitié attribuée aux ascendants et trois huitièmes de la moitié attribuée aux collatéraux; ce qui fait, en réduisant les fractions au même dénominateur, cinq seizièmes de la totalité de la succession.

Enfin, quand le *de cujus* ne laisse pas de parent au degré successible, la réserve de l'enfant naturel est de moitié : nous rentrons complétement alors dans l'art. 913.

Le calcul de la réserve devra-t-il se faire de même quand, au lieu d'un seul enfant naturel, il y en a plusieurs?

Quelques jurisconsultes ont prétendu que l'art. 757 ne règle pas même implicitement le cas où plusieurs enfants naturels se présentent pour concourir avec les parents légitimes; le législateur n'y aurait pas songé. Aussi, pour combler cette prétendue lacune, a-t-on imaginé des systèmes très-compliqués pour la plupart, et dans lesquels il a fallu plus d'une fois recourir à des formules algébriques.

Le plus remarquable de ces systèmes est celui qu'a proposé M. Gros, avocat du barreau de Lyon, sous le nom de *système de répartition*, dans la *Revue du droit français et étranger* (1844, t. I, p. 507 et suiv.); ce système satisfait complétement, surtout quand on le généralise et qu'on applique au concours de plusieurs enfants naturels avec des ascendants et des collatéraux la manière de procéder que M. Gros s'était borné à indiquer pour le concours de plusieurs enfants naturels avec un ou plusieurs enfants légitimes.

Mais je ne puis croire qu'en réglant le droit de succession des enfants naturels le législateur n'ait pas pensé qu'il pourrait s'en présenter deux ou même davantage aussi bien qu'un seul. L'art. 757, dit-on, parle de l'enfant naturel au singulier : je n'y vois rien d'étonnant ;

plus d'une fois le singulier est employé dans la loi pour le pluriel; ce procédé, qu'elle suit dans beaucoup de ses dispositions, c'est encore le sien dans l'art. 757.

Et, d'ailleurs, jetons les yeux sur l'article qui précède immédiatement celui qui nous occupe, sur l'art. 756: nous y lisons ces mots : « La loi n'accorde aux enfants naturels (au pluriel) de droit sur les biens de leur père ou de leur mère (au singulier) que lorsqu'ils ont été légalement reconnus. » Il est bien question de plusieurs enfants naturels et d'un seul auteur. Enfin, dans le discours du tribun Siméon devant le corps législatif, je trouve ces mots : « A côté des droits héréditaires des descendants légitimes, le droit des enfants naturels se réduit au tiers de la portion qu'ils auraient reçue s'ils eussent été légitimes. » Quel est l'article que vise M. Siméon? Quel est l'article mis en marge de ces paroles par celui qui les a recueillies? l'art. 757. Il ne faut donc pas reprocher au législateur un oubli incompréhensible, impardonnable, je dirais presque ridicule.

Que la part de l'enfant naturel se trouve diminuée par le concours d'autres enfants naturels, comme elle le serait en présence d'enfants légitimes, on peut le regretter; mais il ne faut pas dire que cela ne doit pas être, que le législateur n'a pu le vouloir, car c'est la loi (1).

Quand l'enfant naturel se trouve en concurrence avec d'autres héritiers réservataires, sur quelle partie de la succession se prend sa réserve? Est-ce exclusivement sur

---

(1) *Sic* Chabot; Delvincourt, t. II; Toullier, t. IV, n° 252; Loiseau, p. 624; Duranton, t. VI, n° 275; Malpel, n° 161; Favard, *V° Succession;* Dalloz, *V° Succession;* Zachariæ, t. IV, p. 208; Marcadé, sur l'art. 757; Vernet, p. 512.

la réserve des autres réservataires, ou bien exclusivement sur la portion disponible, ou bien à la fois sur cette réserve et sur la portion disponible?

Et d'abord, il est un cas qui ne peut donner lieu à aucune difficulté. Soit un enfant naturel appelé à concourir à une succession avec trois enfants légitimes ou davantage; bien évidemment, dans ce cas, l'enfant naturel ne peut s'adresser qu'aux enfants légitimes, et ceux-ci devront lui abandonner une partie de la réserve qui leur est attribuée. En effet, l'indisponibilité est arrivée à son plus haut point, les trois quarts de la succession; l'augmentation du nombre des héritiers légitimes ne l'élèverait pas davantage, la présence d'un enfant naturel ne peut avoir plus d'effet. La réserve reste donc fixée aux trois quarts; l'enfant naturel y prendra le tiers de ce à quoi il aurait pu prétendre s'il avait été légitime; le reste se partagera également entre les enfants légitimes. Si, par exemple, la succession est de 16,000 fr. et qu'il y ait trois enfants légitimes, la réserve est de 12,000 fr.; l'enfant naturel, qui aurait eu 3,000 fr. s'il eût été légitime, en prendra seulement 1,000; les 11,000 fr. qui restent se partagent entre les trois enfants légitimes: chacun d'eux a par conséquent 3,666 fr. 66 cent.; c'est une perte de 333 francs 33 centimes que lui fait subir la présence de l'enfant naturel.

S'il n'y avait qu'un ou deux enfants légitimes, il faudrait alors faire porter la réserve de l'enfant naturel partie sur celle des enfants légitimes et partie sur le disponible. Rien de plus juste, en effet; chaque fois que la présence d'un enfant légitime de plus augmente le chiffre de la réserve, que se passe-t-il? La quotité disponible diminue, mais la portion de réserve attribuée aux précédents réservataires diminue aussi. Je prends un exemple : Un homme à deux enfants ; il fait son testament, par lequel il institue un légataire universel. Si le testateur meurt aussitôt, le disponible est d'un tiers, la réserve de deux tiers : chaque enfant a droit à un tiers. Mais le testateur ne meurt pas ; bien au contraire, il lui survient un troisième enfant. Voilà le disponible réduit au quart ; mais aussi la part de chacun des enfants nés avant la confection du testament, du tiers qu'elle était d'abord, se trouve réduite au quart. Ainsi, comme je le disais, la présence d'un nouveau réservataire enfant légitime diminue et la réserve des autres et la portion disponible. Il en doit être de même de la présence d'un enfant naturel, quoique dans des proportions moins grandes ; elle doit porter à la fois et sur la réserve des enfants légitimes et sur le disponible.

Il faudra donc fixer d'abord la réserve de l'enfant naturel ou des enfants naturels s'ils sont plusieurs, prélever le montant de cette réserve sur la masse des biens, puis calculer sur le reste la réserve des enfants légitimes et la quotité disponible d'après les règles ordinaires. De cette façon, la réserve des enfants naturels sera supportée proportionnellement par les autres réservataires et par les donataires ou légataires.

Si l'enfant naturel se trouve en présence de petits-enfants issus d'enfants légitimes renonçants ou indignes, et venant par conséquent de leur chef à la succession, nous allons, en suivant toujours notre principe, être conduits à un résultat tout différent. La réserve de l'enfant naturel, avons-nous dit, est celle de l'enfant légitime, sauf la différence de quotité. Si nous avions, au lieu d'un enfant naturel, un enfant légitime, que se passerait-il? Il aurait seul droit à la réserve, à l'exclusion des petits-enfants; ceux-ci, en effet, ne pouvant obtenir le secours de la représentation, se trouvent trop éloignés pour pouvoir concourir avec lui. L'enfant est naturel, il y aura donc place pour les petits-enfants; mais eux seuls devront, sur leur réserve, fournir à l'enfant naturel celle qui lui est attribuée.

Il en serait de même si l'enfant naturel se trouvait en concours avec le père et la mère du défunt. Enfant légitime, il les aurait exclus; c'est sur leur réserve que se prendra sa réserve d'enfant naturel: elle sera supportée moitié par le père, moitié par la mère. D'ailleurs, il leur restera toujours quelque chose. En effet, la réserve des enfants naturels en présence d'ascendants est, nous l'avons déjà vu, d'un quart pour un enfant, de deux sixièmes pour deux, et de trois huitièmes pour trois ou davantage. Les réserves réunies du père et de la mère s'élèvent à la moitié de la succession; il leur restera donc tout au moins un huitième à eux d'eux, soit à chacun un seizième.

S'il n'y a qu'un seul ascendant réservataire, il faudrait alors que la réserve de l'enfant naturel portât partie sur la réserve de cet ascendant, partie sur la portion disponible. La réserve de l'ascendant n'est prise que sur une moitié de la succession; vouloir lui faire supporter toute la réserve de l'enfant naturel, ce serait ne faire porter celle-ci que sur une moitié de la succession, tandis qu'elle doit s'exercer sur la totalité de cette succession.

Ainsi, à cette question : Quand l'enfant naturel se trouve en concurrence avec d'autres héritiers réservataires, sur quelle partie de la succession doit se prendre sa réserve? il faut répondre : Tantôt sur la réserve attribuée aux autres réservataires, tantôt sur cette réserve et sur la portion disponible à la fois. La réserve de l'enfant naturel se prend exclusivement sur celle des autres réservataires, quand il se trouve en concurrence avec des enfants légitimes arrivés au nombre où la réserve ne varie plus, ou bien encore quand il se trouve en concurrence avec le père et la mère du défunt, ou avec des petits-enfants issus d'un enfant légitime décédé ou renonçant. Elle se prend à la fois sur la réserve et sur la portion disponible, quand l'enfant naturel se trouve en concours avec un ou deux enfants légitimes, ou bien avec le père ou la mère du défunt.

Les enfants légitimes ou légitimés d'un enfant naturel sont appelés par l'art. 759, au défaut de celui-ci, à exercer ses droits successifs. Il est vrai que l'art. 759 ne prévoit que le cas de prédécès de l'enfant naturel pour accorder à ses enfants l'exercice de ses droits. Faut-il donc en conclure qu'ils ne peuvent arriver à la succession du père naturel de leur père que par le secours de la représentation, qu'ils n'ont rien à prétendre sur cette succession, si leur père, survivant au *de cujus*, y a renoncé ou en a été écarté comme indigne? Ce serait une erreur; l'art. 759 est énonciatif et non pas limitatif; il ne s'occupe que du cas qui se présentera le plus souvent, mais sans restreindre sa décision à ce cas. Et d'ailleurs, faut-il le répéter encore une fois, appeler les descendants de l'enfant naturel prédécédé à recueillir la succession de son père, c'est leur reconnaître sur cette succession des droits qui leur sont propres ; nul n'est habile à représenter une personne, s'il n'a de son chef une vocation propre et personnelle (1).

Il surgit une autre difficulté sur l'art. 759. Cet article parle des descendants de l'enfant naturel sans distinction. Quelques auteurs en veulent conclure que c'est aussi bien la descendance naturelle que la descendance légitime de l'enfant naturel qui est appelée à exercer les droits de celui-ci sur la succession de son père ou de sa mère. Une telle interprétation est inadmissible. Deux raisons péremptoires me la font repousser.

S'il s'agissait des descendants naturels de l'enfant naturel, ils ne pourraient exercer qu'une fraction des droits qui appartiendraient à l'enfant naturel lui-même. L'article 759 parle de l'intégralité du droit successif de l'enfant naturel ; il n'a donc en vue que sa descendance légitime.

Il n'en pouvait être autrement. Les descendants naturels d'un enfant légitime ne peuvent élever aucune prétention sur la succession des parents de leur père ou de leur mère (art. 756). Serait-il possible, je le demande, que la loi eût accordé aux descendants naturels d'un enfant naturel ce qu'elle refuse aux descendants naturels d'un enfant légitime? Trois générations sont en présence; il faut deux attaches pour relier les unes aux autres les personnes qui les composent; dans l'une de nos hypothèses sur ces deux attaches, l'une est telle que

(1) *Sic* Belost-Jolimont sur Chabot, art. 759, obs. 3; Zachariæ, Aubry et Rau, § 605, note 16; Vernet, p. 536.

la veut la loi, l'autre seule mérite son blâme; dans l'autre hypothèse, les deux attaches sont vicieuses. Eh bien! quand la loi n'a qu'un reproche à faire, elle se montrerait plus sévère que lorsqu'à deux fois elle s'est vue trompée dans ses vœux pour la légitimité des liens de famille! Il n'en peut être ainsi, et malgré la généralité de ses termes, l'art. 759 ne peut parler que des enfants légitimes de l'enfant naturel; à ceux-là, mais à ceux-là seulement, nous accorderons une réserve à l'égard des ascendants de leur père ou de leur mère (1).

SECTION III.

A quel titre les enfants légitimes, légitimés, adoptifs ou naturels laissés par le défunt ont-ils droit à la réserve? —Des enfants renonçants ou indignes.

Quelle est la nature de la réserve? Est-ce une portion des biens du disposant ou une portion de sa succession? Le lien qui unit un enfant à son père ou à sa mère suffit-il à lui seul pour mettre cet enfant en droit de réclamer la réserve, ou bien faut-il quelque chose encore? L'enfant est-il obligé d'accepter la succession de son père ou de sa mère? En d'autres termes, est-ce à la seule qualité d'enfant qu'est attribuée la réserve, ou bien à la qualité d'enfant à laquelle viendra se joindre celle

---

(1) *Sic* Loiseau, *Traité des Enfants naturels*, p. 643; Toullier, t. IV, n° 259; Zachariæ, Aubry et Rau, § 605 et note 15; Marcadé, sur l'art. 759, n° 1; Vernet, p. 537. — *Secus* Maleville, art. 759; Favard, V° *Succession*, sect. IV, § 1, n° 18; Delvincourt, t. II, p. 53.

d'héritier? Telles sont les questions que nous devons nous poser.

« La réserve, selon Zachariæ, c'est le droit héréditaire des parents en ligne directe, en tant qu'il est garanti jusqu'à concurrence d'une certaine quotité de biens contre les libéralités de la personne à la succession de laquelle ils sont appelés par la loi (1). »

« C'est, a dit M. Valette, une succession *ab intestat* protégée, défendue contre les libéralités excessives. »

En effet, la loi, nous l'avons déjà vu lorsque l'occasion s'est présentée de citer l'art. 913, la loi ne fixe pas la réserve d'une manière directe; elle ne prend pas dans les biens d'une personne une certaine somme pour l'attribuer à ses enfants. Abandonnant ici le droit romain et notre ancien droit, le Code Napoléon ne dit pas au donateur ou au testateur: « Vous voulez disposer de vos biens, j'y consens, mais je mets une condition à mon consentement; avant de donner à des étrangers, commencez par attribuer telle portion de vos biens à chacun de vos enfans. » Telle n'est pas la marche que suit notre loi; elle ne parle pas de la partie de la fortune qu'elle veut conserver aux enfants du disposant, c'est la quotité disponible qu'elle détermine. Nous n'arrivons à connaître la réserve que par voie de conséquence. Le disposant, suivant le nombre de ses enfants, peut retirer de sa succession une portion plus ou moins forte de ses biens; le reste est à l'abri de ses atteintes, c'est la réserve. Mais qu'est-ce donc que cette réserve, sinon la succession *ab intestat* elle-même, la partie de cette suc-

(1) Zachariæ, § 679.

cession à laquelle il est interdit de toucher pour en dépouiller les enfants?

Ce n'est pas tout : dans un grand nombre d'articles du Code, la réserve est représentée comme un droit héréditaire; ce sont les art. 917, 922, 929, 930, 1004, 1006, 1009, 1011, 1049. Je n'en veux citer qu'un seul, l'article 1004; il est ainsi conçu : « Lorsqu'au décès du « testateur il y a des héritiers auxquels une quotité de « ses biens est réservée par la loi, *ces héritiers sont sai-* « *sis de plein droit* par sa mort de tous les biens de la « succession, et le légataire universel est tenu de leur « demander la délivrance des biens compris dans le « testament. »

Enfin, quand la quotité disponible a été dépassée, quand la réserve a été entamée, quelle action sera exercée par le réservataire? Sera-ce une action personnelle? Ira-t-il demander qu'on lui délivre ou lui complète sa réserve en argent? Non ; il intentera une action réelle : l'action en réduction, et par elle fera rentrer dans la succession les biens qui n'auraient pas dû en sortir (articles 929 et 930).

A cette doctrine on adresse deux objections, l'une tirée des termes de l'art. 913, l'autre de l'historique de la rédaction du Code.

L'art. 913, dit-on, parle des enfants *laissés* par le disposant. Il s'exprime d'une manière générale et absolue, sans distinguer si ces enfants sont ou non héritiers, s'ils acceptent ou refusent la succession; la réserve n'est donc pas une partie de la succession *ab intestat*.

Cette objection est peu embarrassante; il suffit pour la repousser de faire remarquer que dans le langage de la loi laisser des enfants signifie laisser des enfants qui viennent à la succession, laisser des enfants héritiers. C'est le sens que tout le monde s'accorde à donner à ce verbe *laisser* dans les art. 748, 749, 750, 757 et 758.

Une objection plus sérieuse au premier abord est tirée de l'art. 921 et des travaux préparatoires du Code.

L'art. 921, nous dit-on, refuse aux créanciers du défunt le droit de demander la réduction et d'en profiter; si le réservataire ne peut prétendre à la réserve qu'en qualité d'héritier, les créanciers du défunt, devenant ses créanciers personnels, profiteront de la réduction. L'article 921 serait incompréhensible. Cet article a été introduit dans le Code Napoléon sur l'observation du Tribunat. Qu'on se reporte aux travaux préparatoires, et l'on ne conservera plus aucun doute sur sa portée. Le conseil d'État était d'avis que la réserve devait être attribuée non pas à la seule qualité d'enfant du disposant, mais à cette qualité accompagnée du titre d'héritier. Aussi l'article du projet autorisait-il les créanciers du défunt non pas, il est vrai, à demander la réduction mais à en profiter. Le Tribunat demanda la suppression de cet article. « La réduction, disait le Tribunat à l'appui de sa demande, est un droit purement personnel; ce droit est réclamé par l'individu comme enfant, abstraction faite de la qualité d'héritier qu'il peut prendre ou non; s'il en était autrement, l'action en réduction serait souvent illusoire. » Le conseil d'État se rendit aux observations du Tribunat et, abandonnant sa première doctrine et l'article du projet qui la consacrait, leur substitua le système du Tribunat et l'art. 921.

Telle est l'objection. Elle paraît bien forte, presque

irréfutable au premier abord, et cependant on y répond. Tous les conseillers d'État, même M. Malleville, quoique le contraire ait été dit, étaient fortement convaincus que pour avoir droit à la réserve il fallait être héritier, c'est-à-dire ne pas renoncer à la succession. Leur conviction était telle qu'ils étaient allés jusqu'à rédiger un article qui accordait aux créanciers du défunt le droit de profiter de la réserve ; ils consacraient par là l'opinon de Dumoulin dans notre ancien droit, pour donner tort à Ricard et à Pothier qui avaient soutenu un système contraire, et refusaient aux créanciers du défunt le droit de profiter de la légitime, bien qu'ils exigeassent la qualité d'héritier de celui qui la réclamait.

Après la communication au Tribunat, cela est parfaitement exact, l'article du projet disparaît pour faire place à l'art. 921. Mais le conseil d'État a-t-il abandonné pour cela le sentiment dont nous le voyions tout à l'heure si profondément pénétré? A-t-il fait une volte-face subite? S'est-il tout d'un coup épris du système proposé par le Tribunat? Non; dans la séance où les observations du Tribunat sont communiquées au conseil d'État et lorsqu'on arrive au point qui nous occupe, M. Tronchet prend la parole. Il était absent lors de l'adoption de l'article attaqué par le Tribunat; s'il avait été là, dit-il, il aurait lui-même attaqué cet article avant d'en donner même le temps au Tribunat. Mais il se garde bien de s'appuyer sur les mêmes motifs que le Tribunat. « Au titre des successions, dit M. Tronchet, on a décidé que le rapport profitait aux héritiers seulement et non aux créanciers. Ce serait donc se contredire que d'obliger le légitimaire à donner aux créanciers la portion de biens que la réduction lui rend ; la réduction alors serait établie au profit de ces créanciers. Il n'y aurait plus de légitime assurée, si elle pouvait être enlevée par un créancier postérieur sur la chose aliénée avant que sa créance existât. Il doit s'imputer de n'avoir pas connu la condition de son débiteur, et il avait les moyens de s'en instruire, puisque la donation était publique. Ainsi la peine de son imprudence tomberait sur le légitimaire auquel cependant la loi n'a accordé une réserve que pour le mettre à l'abri des dissipations de son père, ou plutôt le créancier deviendrait légitimaire. »

C'est après ces observations que l'art. 921 a été rédigé. La substitution d'article proposé par le Tribunat a été seule adoptée ; quant aux motifs qui l'avaient dictée, ils ont été écartés et le conseil d'État a persévéré dans sa première opinion bien qu'il reculât avec M. Tronchet devant ses conséquences poussées à l'extrême.

Quant à l'art. 921 en lui-meme il est inutile, nous dit-on, puisque devenant créancier personnel du réservataire par son acceptation de la succession, les créanciers du défunt profiteront forcément de la réduction. Pour qu'il en soit ainsi, répondons-nous, il faudra que le réservataire ait accepté purement et simplement, mais s'il a eu la précaution de ne faire qu'une acceptation bénéficiaire, il gardera pour lui seul les biens que la réduction lui aura rendus. Et c'est précisément là que se fait sentir la nécessité de l'art. 921 : il a pour effet de faire considérer les biens réservés comme biens de l'héritier et non comme biens de la succession ; les créanciers qui, en présence d'un héritier bénéficiaire ont au moins le droit de prendre tout ce qui provient de la succession, ne peuvent, en vertu de l'art. 921, élever cette prétention à l'égard des biens qui forment la réserve.

C'est d'ailleurs ainsi qu'on explique l'article 857 qui pose le principe que le rapport n'est pas dû aux créanciers; et, nous venons de le voir, c'est pour faire pendant à l'art. 857 que l'art. 921 a été rédigé.

Ainsi la réserve est une partie de la succession *ab intestat* et, pour y avoir droit, il faut accepter la succession, il faut avoir la qualité d'héritier. Par conséquent, n'ont pas droit à la réserve les héritiers qui renoncent à la succession et ceux qui en sont écartés comme indignes.

Mais si le réservataire renonçant ne peut réclamer sa réserve par voie d'action, ne peut-il au moins la retenir par voie d'exception lorsqu'il en est déjà nanti comme donataire ou comme légataire? En d'autres termes, l'enfant qui renonce pour s'en tenir aux biens qui lui ont été donnés ou légués, peut-il les retenir jusqu'à concurrence de la quotité disponible et de sa part dans la réserve? Ou bien, au contraire, faut-il dire que l'enfant donataire entre-vifs ou légataire qui renonce à la succession pour s'en tenir à son don ou à son legs, n'ayant plus la qualité d'héritier ne peut, en sa seule qualité d'enfant donataire ou légataire, retenir le bénéfice de la donation ou du legs que jusqu'à concurrence de la portion disponible? Cette dernière opinion est la conséquence logique du principe que nous venons de poser. En effet, si l'on décide en règle générale, et il faut décider ainsi, que le droit de réclamer la réserve est inhérent à la qualité d'héritier et ne saurait se concevoir pour quiconque n'est pas héritier, on ne voit pas comment une dérogation à ce principe peut résulter du seul fait de la possession.

La question est vivement controversée cependant. Dans l'opinion contraire, on commence par s'appuyer sur l'ancienne jurisprudence française. Parmi nos vieux auteurs, ceux-mêmes qui exigeaient de l'enfant la qualité d'héritier pour qu'il pût réclamer sa légitime lui accordaient, lors même qu'il renonçait, le droit de retenir sur la donation qui lui avait été faite, outre la quotité disponible, la portion qu'il aurait eue dans la légitime, s'il se fût porté héritier. Il y avait deux quotités disponibles : la quotité disponible ordinaire, quand il s'agissait d'un donataire étranger; une quotité disponible privilégiée, quand le donataire était l'enfant du donateur. Cette doctrine de notre ancienne jurisprudence, c'est encore celle du Code Napoléon; cela résulte évidemment des art. 845 et 919. De l'art. 845, il apparaît que le législateur a entendu accorder une faveur spéciale au réservataire qui renonce à la succession pour s'en tenir à la libéralité qu'il a reçue ; en ne lui accordant par voie de rétention que la quotité disponible ordinaire, on lui refuse cette faveur spéciale et on va contre la volonté du législateur. L'art. 919 autorise expressément le réservataire à cumuler la quotité disponible ordinaire avec sa part dans la réserve. Cette règle, posée par l'art. 919, est ensuite confirmée par l'art. 924.

Voilà le système qu'on nous oppose.

Nos anciens jurisconsultes, il est vrai, décidaient que pour réclamer la légitime par voie d'action il fallait être héritier, et cependant ils n'exigeaient plus cette qualité lorsqu'il s'agissait de la retenir par voie d'exception. Un pareil résultat, parfaitement régulier en droit romain et dans les pays de droit écrit, où la légitime était considérée comme une créance alimentaire attribuée au lien du sang seul, devient une anomalie étrange dans les pays coutumiers, où la légitime apparaît comme une portion de la succession. On ne peut s'expliquer cette bizarrerie que par l'influence du droit romain ; il y avait eu un mélange quelque peu incohérent des idées romaines et des idées coutumières. Il est facile d'en donner une preuve bien évidente ; il suffit de jeter les yeux sur la réserve des quatre quints des propres : elle resta exclusivement régie par les principes coutumiers ; aussi voyons-nous que, soit pour la réclamer par voie d'action, soit pour la retenir par voie d'exception, il était indispensable d'avoir la qualité d'héritier, c'est-à-dire d'accepter la succession (1).

Les rédacteurs du Code ont admis le principe de la nécessité de la qualité d'héritier, posé par notre ancien droit à l'égard de la légitime : ont-ils admis aussi l'exception? Le Code fût-il muet, on pourrait encore en douter, puisque cette exception paraît anomale, et le Code n'est pas muet sur ce point. Il y a un article 845 ; il est ainsi conçu : « L'héritier qui renonce à la succession peut cependant retenir le don entre-vifs ou réclamer le legs à lui fait *jusqu'à concurrence de la portion disponible.* » Ce texte est formel, et il devient plus énergique encore si on en rapproche l'art. 307 de la coutume de Paris : « Néanmoins, où celui auquel on auroit donné se voudroit tenir à son don, faire le peut en s'abstenant de l'hérédité, la légitime réservée aux autres. »

(1) Pothier, *Traité des donations entre-vifs*, sect. III, art. 6, § 1.

Or, aux termes de l'art. 298 de cette même coutume de Paris, la légitime n'est pas attribuée collectivement aux enfants : ce n'est pas telle portion de la succession s'il y a un enfant, telle autre s'il y en a deux, telle autre encore s'il y en a trois ou davantage; non, la coutume en fait à chaque enfant une attribution individuelle; chacun d'eux a droit à la moitié de ce qu'il aurait eu *ab intestat*. Il en résulte donc bien que s'il y a, par exemple, quatre enfants, celui d'entre eux qui aurait reçu au delà de la portion disponible ne sera obligé de remettre à chacun de ses frères que la somme nécessaire à parfaire sa légitime, de telle sorte qu'il conservera, et la portion disponible, et la légitime qui lui aurait été accordée à lui-même. Ce droit, la coutume de Paris le lui accorde formellement; il résulte évidemment de la combinaison des deux art. 307 et 298.

L'art. 845 du Code Napoléon, en présence d'une disposition expresse de notre ancien droit, n'en est-il pas plus énergique, comme je le disais, lorsqu'il borne à la quotité disponible les prétentions que peut élever le renonçant?

Mais, nous dit-on, l'art. 845 a été introduit en faveur du renonçant, et vous nous soutenez que cet article repousse formellement un droit qui lui était jusque-là reconnu.

Pour faire disparaître cette objection, il suffit donc de démontrer que, bien que refusant au renonçant le droit de retenir une partie de la réserve, l'art. 845 lui est cependant favorable. C'est chose facile. La loi exige que toute donation, si elle n'a été faite par préciput, soit rapportée à la succession du donateur par l'héritier qui accepte soit purement et simplement, soit même sous bénéfice d'inventaire (art. 843); puis, à l'héritier renonçant elle accorde le droit de conserver les choses qui lui auraient été données, ou de réclamer les legs qui lui auraient été laissés. Ce droit, il est vrai, elle ne veut pas qu'il dépasse la quotité disponible; mais n'est-ce pas une faveur? Certes, oui; elle peut même devenir énorme et rompre l'égalité que la loi désire voir entre les enfants d'un même individu : il suffit de supposer qu'il y a plus de quatre enfants; celui qui conservera le disponible tout entier, bien qu'il n'y joigne pas sa part dans la réserve, aura encore plus que chacun de ses frères. Cependant la donation qu'il avait reçue n'était de la part de son père qu'un avancement d'hoirie; le donateur était persuadé qu'après sa mort le fils avantagé de son vivant accepterait la succession, et que l'égalité serait rétablie entre ses enfants.

Notre système n'empêche donc pas l'art. 845 d'être un article favorable à l'enfant renonçant, et il a de plus le mérite de donner un sens raisonnable aux derniers mots de cet article.

Pour arriver à donner une explication de ces mots, « jusqu'à concurrence de la portion disponible, » les partisans du système adverse, obligés de reconnaître que notre Code admet, comme l'ancien droit, deux quotités disponibles différentes, nous renvoient à l'art. 919, et nous disent qu'il autorise positivement le cumul de la réserve et de la portion disponible.

Il m'a fallu lire à deux fois les passages où j'ai trouvé ce système exposé; il m'a fallu me reporter à l'arrêt de la Cour de cassation de 1843, pour arriver à croire qu'un pareil raisonnement ait pu être jamais fait.

L'art. 919 est ainsi conçu : « La quotité disponible pourra être donnée en tout ou en partie, soit par acte entre-vifs, soit par testament, aux enfants ou autres successibles du donateur, sans être sujette au rapport par le donataire ou le légataire venant à la succession, pourvu que la disposition ait été faite expressément à titre de préciput ou hors part. » Cet article parle d'un donataire où d'un légataire venant à la succession. Si l'on suppose un enfant qui accepte la succession, il peut évidemment, avec la portion disponible, retenir sa part dans la réserve, puisqu'il est héritier. C'est à lui qu'on nous renvoie pour nous prouver que le droit de cumuler la portion légitime et une partie de la réserve doit être reconnu à l'enfant renonçant.

On s'appuie encore sur l'art. 924, ainsi conçu : « Si la donation entre-vifs réductible a été faite à l'un des successibles, il pourra retenir sur les biens donnés la valeur de la portion qui lui appartiendrait comme héritier dans les biens non disponibles ; » mais, apparemment, on ne lit pas encore la fin de cet art. 924, pas plus qu'on ne lisait la fin de l'art. 919. L'art. 924 ajoute : « S'ils sont de la même nature. » Si le renonçant avait le droit de rétention, peu importerait que les biens qui lui auraient été donnés fussent ou non de la même nature que ceux laissés par le défunt au jour de son décès. Il s'agit d'une question de partage, et, pour qu'il y ait lieu à partage, il nous faut non un enfant renonçant, mais bien un enfant acceptant.

Voilà les deux systèmes, l'un découlant logiquement

du principe que pour avoir droit à la réserve il faut être héritier; l'autre, dérogation étrange dans notre ancien droit, impossible dans notre droit actuel; l'un prenant les différents articles du Code et leur donnant une application qui satisfait l'esprit; l'autre, obligé de ne lire les textes qu'en partie, et trouvant sa contradiction chaque fois qu'il va jusqu'à la fin de l'un des articles sur lesquels il s'appuie. Il n'y a pas à hésiter entre les deux.

On comprend que, dans les premiers temps qui suivirent la promulgation du Code, il y ait eu dissentiment entre les auteurs, et que les décisions de la jurisprudence n'aient pas été uniformes. Grenier, Malpel, Delvincourt, Proudhon, se prononçaient pour le cumul; Levasseur, Favard, Toullier, le repoussaient. La vérité la plus grande a souvent besoin d'un certain temps pour se dégager. Le 18 février 1818, un arrêt de la Cour de cassation, devenu célèbre sous le nom d'arrêt Laroque de Mons, consacra l'opinion qui nous a paru seule admissible. De ce jour la doctrine fut fixée; Grenier revint même, dans une nouvelle édition de son *Traité des donations*, sur le système qu'il avait d'abord adopté. La jurisprudence resta divisée; mais le nombre des cours dissidentes serait sans doute toujours allé en diminuant, quand tout à coup, le 17 mai 1843, la Cour de cassation fit volte-face, abandonnant sa doctrine de 1818 pour adopter le système contraire. Cet arrêt de la Cour de cassation a été l'objet de vives et amères critiques. M. Valette, dans un article inséré dans la *Revue de droit français et étranger*, déclare que cet arrêt heurte de front une foule de dispositions du Code; que tout devient dans la loi obscur et contradictoire, et qu'il est dès lors impossible à l'interprète le plus habile d'exposer sur la matière de la réserve un système intelligible. « Il faut, dit M. Duvergier dans la *Gazette des Tribunaux* du 19 octobre 1844, il faut que la Cour de cassation sache que son arrêt a été cassé par l'opinion publique. »

La doctrine est restée unanime comme par le passé, la jurisprudence divisée comme elle l'était auparavant.

La renonciation de l'un des enfants soulève encore une importante question; il ne s'agit plus de savoir si, malgré sa renonciation, l'enfant pourra, soit par voie d'action, soit par voie de rétention, demander ou conserver sa part dans la réserve ; ces deux questions, nous les avons résolues et nous avons rejeté la prétention de l'enfant. Il est maintenant pour l'avantage qu'il en pourrait tirer hors du débat; mais, s'il ne peut profiter de la réserve, ne doit-il pas cependant être compté dans la fixation de cette réserve? Par exemple, s'il y a deux enfants dont l'un renonce, celui qui vient à la succession a-t-il le droit de prendre deux tiers comme réserve? en un mot, la part du renonçant accroît-elle à celui ou à ceux qui acceptent la succession ?

Un grand nombre d'auteurs ont soutenu ce systeme (1); plusieurs arrêts l'ont appuyé (2).

A la mort d'une personne, disent les partisans de cette opinion, sa succession se divise de plein droit en deux parties : d'un côté, la quotité disponible; de l'autre,

---

(1) Grenier, t. II, n° 564; Levasseur, n° 46, Toullier, V, n° 109, Duranton, VIII, n°s 298 et 299; Dalloz, V° *Dispositions entre-vifs*, ch. 3, sect. 3, art. 1, n° 12; Vazeille, art. 913, n° 2; Poujol, art. 913, n° 7; Coin-Delisle, art. 913, n° 6.

(2) Rej., 18 février 1818; Caen, 16 février 1826; Caen, 25 juillet 1837.

la réserve ; ces deux parties sont fixées par le nombre des enfants laissés par le défunt ; mais les enfants qui acceptent la succession ont seuls droit à la réserve ; la part qui serait attribuée à ceux qui renoncent doit donc leur accroître, conformément à l'art. 786.

Ce système est insoutenable ; je n'en veux pour preuve que la contradiction à laquelle arrivent les auteurs qui le professent. L'art. 786 est ainsi conçu : « La part du renonçant accroît à ses cohéritiers ; s'il est seul, elle est dévolue au degré subséquent. » Cet article contient deux dispositions, et la seconde de ces dispositions est une conséquence rigoureuse de la première. La renonciation profite à ceux qui souffraient de la présence du renonçant ; il y a donc, dit notre article, attribution de la part du renonçant à ses cohéritiers, s'il eût dû, en cas d'acceptation, se trouver en concours avec des parents du même degré que lui ; mais s'il était seul de son rang, par suite même du principe que je viens de poser, les biens qu'aurait recueillis le renonçant passent aux héritiers du degré ou de l'ordre subséquent. Que devraient donc décider les partisans du système que je combats, s'ils étaient conséquents avec eux-mêmes ? Ils disent que le renonçant est compté pour le calcul de la réserve ; il y a, je suppose, trois enfants : la réserve est donc de trois quarts ; les trois enfants renoncent ; la réserve est toujours de trois quarts et elle sera dévolue, devrait-on dire, aux ascendants, et à leur défaut aux collatéraux. Voilà la conséquence à laquelle il faut aboutir ; une réserve de trois quarts à des ascendants qui n'ont droit qu'à une réserve de moitié ; une réserve de trois quarts, quand le défunt, sa succession étant recueillie par des collatéraux, aurait dû pouvoir disposer de la totalité de ses biens. Ce résultat est impossible ; aussi n'en veut-on pas, et, pour l'éviter, on s'arrête à la première disposition de l'art. 786, à celle qui parle de l'accroissement ; on rejette la seconde, celle qui pose la règle de la dévolution. Et pourtant, je le répète, l'une est la conséquence de l'autre: il y a donc contradiction manifeste.

Ce n'est pas la seule. Il en doit être de l'enfant indigne comme de l'enfant renonçant. Cependant la moitié des auteurs qui professent ce système reculent encore devant ce résultat et font une fois de plus preuve d'inconséquence. Ils comptent le renonçant pour le calcul de la réserve ; quand il s'agit de l'indigne, ils donnent une décision différente.

Arrivons aux vrais principes ; nous les trouvons dans l'art. 785 : « L'héritier qui renonce, dit cet article, est censé n'avoir jamais été héritier. » La renonciation a un effet rétroactif, elle remonte au jour de l'ouverture de la succession ; le renonçant est dès ce jour considéré comme inexistant ; il ne doit pas être compté dans le calcul de la réserve. Avait-il trois frères ; peu importe sa présence, puisque la réserve est invariablement fixée aux trois quarts de la succession dès que les enfants qui y ont droit se trouvent au nombre de trois. Son acceptation n'eût nui qu'à ses frères, en diminuant la part de chacun d'eux ; elle leur profitera aussi exclusivement ; chacun des frères du renonçant verra sa part dans la réserve s'élever d'un quart à un tiers. Mais si le renonçant n'avait que deux frères, sa présence, en même temps qu'elle nuisait à ses frères, nuisait aussi aux donataires et aux légataires ; ceux-ci profiteront donc de la renonciation. La réserve, au lieu d'un quart qu'elle aurait été pour chaque frère du renonçant, sera d'un tiers, mais en même temps la portion disponible du quart s'élèvera aussi au tiers. Si le renonçant était seul, le défunt sera censé mort sans enfant ; ses ascendants exerceront leur droit de réserve ; à leur défaut, la fortune tout entière sera disponible.

Tels sont les résultats auxquels conduit l'application de l'art. 785. Il n'est pas une des conséquences de notre système devant laquelle on soit obligé de reculer ; ces conséquences découlent logiquement du principe ; tout se tient et s'enchaîne sans difficulté.

La loi exige que l'on ait la qualité d'héritier pour recueillir la réserve ; elle établit une proportion entre la quotité de la réserve et le nombre de ceux qui doivent en profiter. N'est-ce pas méconnaître la pensée et le but de la loi que de calculer la réserve pour trois quand elle doit être prise par deux, ou pour deux quand elle doit l'être par un seul ?

Ce système a de plus le mérite de ne pas faire de différence entre l'indigne et le renonçant (1).

---

(1) *Sic.* Bugnet sur Pothier, t. I, p. 374, n° 4; Marcadé, art. 913 et 914; Lagrange, article inséré dans la *Revue française et étrangère*, t. I, année 1844, p. 127 et suiv.; Duvergier sur Toullier, v, n° 109; Vernet, p. 381 et suiv.

CHAPITRE II.

RÉSERVE DES ASCENDANTS.

SECTION PREMIÈRE.

Quotité de cette réserve.

« Les libéralités par actes entre-vifs ou par testaments, dit l'art. 915, ne pourront excéder la moitié des biens, si, à défaut d'enfant, le défunt laisse un ou plusieurs ascendants dans chacune des lignes paternelle et maternelle, et les trois quarts s'il ne laisse d'ascendants que dans une ligne. »

Ainsi la réserve des ascendants est de moitié des biens lorsque le défunt laisse des ascendants dans l'une et dans l'autre ligne, d'un quart quand il ne laisse d'ascendants que dans une ligne.

Une différence remarquable sépare la réserve des ascendants de celle des descendants. Celle-ci varie avec le nombre des enfants : c'est tantôt la moitié, tantôt les deux tiers, tantôt les trois quarts de la succession. La réserve des ascendants est invariable ; elle est d'un quart pour chaque ligne et y est recueillie par l'ascendant ou par les ascendants du degré le plus proche.

On fait aussi remarquer que la réserve est définie une portion de la succession *ab intestat* mise par la loi à l'abri des dispositions de l'homme, et qu'il peut arriver, lorsqu'il y a lieu à la réserve des ascendants, que leur succession *ab intestat* tout entière se trouve réservée. En effet, le droit successif du père ou de la mère en concours avec des frères ou sœurs est d'un quart; la réserve, dans ce cas particulier, sera donc égale au droit *ab intestat* lui-même.

Par contre, il peut arriver que l'ascendant n'ait pas pour réserve la moitié de sa portion *ab intestat*. Ce résultat se présentera lorsqu'il y aura vocation du père ou de la mère en concours avec des collatéraux non privilégiés. Aux termes des art. 753 et 754, le père ou la mère a droit en pleine propriété à la portion attribuée à sa ligne, plus à l'usufruit du tiers de la portion qui doit être recueillie par la ligne à laquelle il n'appartient pas. La réserve restera cependant invariablement fixée au quart des biens.

Certains auteurs n'acceptent pas ces résultats (1); ils voudraient que la réserve des ascendants fût pour chaque ligne non pas du quart de tous les biens du disposant, mais de la moitié des biens auxquels l'ascendant aurait eu droit *ab intestat*. Il n'y a cependant qu'à lire l'article 915 pour voir que c'est là une règle de pure fantaisie.

La réserve est invariablement fixée au quart de tous les biens pour chaque ligne. Peu importe le degré; peu importe le nombre des ascendants. Dans la ligne paternelle, par exemple, la réserve sera d'un quart pour le père; elle sera d'un quart pour le grand-père et la grand'mère ou pour un seul d'entre eux; elle sera toujours d'un quart pour les quatre bisaïeuls et bisaïeules,

---

(1) Levasseur, nos 50 et 51; Delvincourt, t. II, p. 213 et 214.

pour trois d'entre eux, pour deux ou pour un seul. Il est impossible de comprendre autrement l'art. 915.

Cet article ajoute : « Les ascendants auront seuls droit à cette réserve dans tous les cas où un partage avec des collatéraux ne leur donnerait pas la quotité des biens à laquelle elle est fixée. »

En d'autres termes, si le défunt a disposé d'une partie de ses biens dans la limite de la quotité disponible, les ascendants en concours avec des collatéraux prendront sur ce qui reste dans la succession *ab intestat* leur réserve avant que les collatéraux y puissent rien prétendre.

Un exemple me fera mieux comprendre : un homme a 100,000 francs de biens ; il dispose de 40,000 francs et meurt laissant son père, sa mère et un frère. Le père prend sa réserve du quart des biens, c'est-à-dire 25,000 francs ; la mère en fait autant, il ne reste donc plus que 10,000 francs dont le frère doit se contenter. En vain dirait-il que la succession étant de 60,000 francs et l'art. 748 lui donnant droit à la moitié, il doit prendre 30,000 francs. La disposition finale de l'art. 914, introduite dans cet article sur les observations du Tribunat, a précisément pour but d'écarter cette prétention de sa part. On n'a pas voulu que l'ascendant eût dans aucun cas moins que le quart de la totalité des biens ; d'un autre côté, admettre la prétention du frère et permettre à l'ascendant de recourir pour compléter sa réserve contre le donataire ou le légataire, c'eût été soumettre celui-ci à une réduction quand cependant le défunt se serait renfermé dans la limite de la quotité disponible ; on aurait créé une véritable réserve au profit des frères et sœurs, auxquels la loi refuse ce droit.

En un mot, un ascendant doit recueillir forcément une portion déterminée des biens; quelque petite que soit la part qui revient au collatéral, il doit s'en contenter, puisqu'il aurait pu être complétement dépouillé.

SECTION II.

Quels aseendants ont droit à la réserve.

Les ascendants d'un enfant légitimé ont droit à une réserve comme les ascendants d'un enfant légitime. La légitimation a pour effet de donner aux liens naturels toute la force des liens légitimes.

Tout le monde s'accorde pour reconnaître qu'il n'est pas dû de réserve à l'adoptant. C'est, en effet, bien évident. Aux termes de l'article 351, l'adoptant n'est appelé à recueillir dans la succession de l'adopté décédé sans postérité légitime que les biens qui proviennent de lui adoptant, et qui existent encore en nature dans la succession ; il n'a donc aucun droit sur les biens aliénés. Les biens donnés ou légués sont aliénés et mis hors de la succession; l'adoptant n'a aucune réclamation à élever contre les dispositions de l'adopté.

C'est, au contraire, une question vivement controversée, que celle de savoir si les père et mère naturels ont droit à une réserve sur les biens de leur enfant décédé sans postérité.

L'art. 915 du Code Napoléon dit l'affirmative, fixe la quotité disponible, et crée par conséquent une réserve non-seulement pour les ascendants légitimes, mais encore pour les ascendants naturels; il s'applique en effet à tous les ascendants qui sont appelés à succéder à leurs enfants, et, aux termes de l'art. 765, la succession de l'enfant naturel décédé sans postérité est dévolue au père et à la mère qui l'ont reconnu. D'ailleurs, la réserve est une conséquence de l'obligation de fournir des aliments, et a pour but de satisfaire à ce devoir, après la mort de ceux qui en étaient tenus pendant leur vie : or, les ascendants et les descendants naturels se doivent mutuellement des aliments. Enfin, par cela seul que l'enfant naturel a une réserve sur les biens de ses père et mère naturels, ceux-ci doivent en avoir une sur les biens de leur enfant. Il doit y avoir entre eux réciprocité de droits et de devoirs; refuser une réserve à l'ascendant naturel quand on l'accorde à l'enfant, ce serait violer ce principe (1).

Quoique la négative ait été soutenue par un moins grand nombre d'auteurs, bien qu'elle n'ait pas pour elle l'autorité de la Cour de cassation, c'est cependant le système que je suivrai.

L'art. 915 n'a en vue que les ascendants légitimes ; il suffit de le lire pour s'en convaincre. Il parle d'un enfant laissant plusieurs ascendants dans une même ligne ; l'enfant naturel n'a jamais qu'un ascendant dans chaque ligne, celui qui l'a reconnu. Il y est question d'ascendants venant à la succession en concours avec des collatéraux; l'enfant naturel n'a pas de collatéraux.

---

(1) Rej., 3 mars 1846 ; Bordeaux, 24 avril 1834 ; Bordeaux, 20 mars 1837 ; Merlin, V° RÉSERVE, sect. 4, n° 20 ; Grenier, t. II, n° 676 ; Loiseau, p. 693 ; Vazeille, art. 765, n° 5 ; Poujol, art. 765 ; Rolland de Villargues, *Rép. du not.*, V° PORTION DISPONIBLE, n° 46 ; Flouet de Conflans, *Esprit de la jurisp.*, art. 765, n° 2.

L'opinion adverse nous arrête et s'écrie : « Mais l'art. 913 ne parle aussi que d'enfant légitime. » Ce mot y est écrit en toutes lettres; cependant, on reconnaît la qualité de réservataires aux enfants naturels : pourquoi se montrer plus exigeant à l'égard du père et de la mère?»

Ce n'est pas en effet dans l'art. 913 que je trouve le principe de la réserve de l'enfant naturel; c'est dans l'art. 757. Cet article règle le droit successif de l'enfant naturel; mais se suffit-il à lui-même? Non; il renvoie aux articles qui règlent la succession légitime, en indiquant seulement la diminution que devra faire subir dans ses droits à l'enfant naturel l'irrégularité de sa naissance. Il n'en est pas de même de l'art. 765; celui-là se suffit à lui-même; le droit successif de l'ascendant naturel y est réglé sans le moindre renvoi aux articles qui traitent de la succession légitime. C'est dans l'art. 765 que nous devons nous renfermer, et cet article n'accorde pas de réserve à l'ascendant naturel. Voilà pourquoi j'attribue à l'enfant naturel un droit de réserve, tandis que je le refuse au père ou à la mère qui l'a reconnu.

On se fonde dans le système opposé sur la corrélation qui existe entre l'obligation de fournir des aliments et la réserve. Tous ceux qui ont droit à une réserve dans la succession d'une personne peuvent, de son vivant, exiger d'elle des aliments, j'en conviens. Mais la réciproque est-elle vraie? Toute personne qui peut exiger des aliments a-t-elle droit à une réserve? Les gendres et belles-filles doivent des aliments à leurs beaux-pères et à leurs belles-mères; ceux-ci en doivent à leurs gendres et belles-filles? Entre ces personnes, il n'est cependant pas question de réserve; il n'existe même pas de droit de succession. L'adopté a une réserve sur la succession de l'adoptant; il lui doit des aliments, et cependant tout le monde reconnaît que l'adoptant n'a pas de réserve à l'égard de l'adopté.

Quant à la réciprocité, dont on parle tant dans le système que je combats, elle n'y existe pas plus que dans celui que je soutiens. On nous accuse de trop d'indulgence pour l'enfant; je reproche aux partisans de l'opinion contraire de favoriser l'ascendant sans discernement. La réserve de l'enfant naturel n'est pas aussi forte que celle qu'il aurait eue s'il avait été légitime; accordez une réserve à l'ascendant naturel, elle sera toujours égale à celle d'un ascendant légitime. A quelle conséquence arrive-t-on? On punit les innocents; les coupables sont récompensés. Un tel résultat en dit assez; la loi n'a pas consacré un pareil système; elle ne pouvait pas le consacrer. D'ailleurs cet argument de réciprocité, on l'a dit plus d'une fois, n'est pas un argument de droit, c'est un argument de législation. Mais quand même il s'agirait de faire la loi et non de l'appliquer, je le repousserais encore de toutes mes forces (1).

SECTION III.

A quel titre les ascendants ont-ils droit à la réserve?

La réserve, nous l'avons vu, est une portion de la suc-

(1) *Sic* Nîmes, 11 juillet 1827; Douai, 5 décembre 1840; Delvincourt, t. II, p. 66; Chabot, art. 765, n° 5; Dalloz, V° SUCCESSION, ch. 4, sect. 1; Demante, t. II, p. 117; Zachariæ, Aubry et Rau, § 680; Marcadé, art. 765, n° 2, et art. 915, n° 3; Vernet, p. 261.

cession *ab intestat* mise par la loi à l'abri des libéralités du défunt. Pour y prétendre, le titre d'ascendant ne suffit pas seul ; il faut y joindre la qualité d'héritier. Il ne peut être question de réserve pour ceux qui ne sont point appelés à la succession *ab intestat*. Le Code a lui-même le soin de nous le dire quand il s'agit des ascendants : « Les biens réservés au profit des ascendants « seront par eux recueillis dans l'ordre où la loi s « appelle à succéder (art. 915). »

L'ascendant qui se trouve le plus proche en degré prend donc à lui seul le quart des biens attribués à la ligne dont il fait partie ; s'il y a plusieurs ascendants du même degré, ils se partagent la réserve.

Le père et la mère n'ont droit à la réserve qu'autant que le défunt n'a pas laissé d'enfant. S'il a laissé des enfants, mais que tous aient renoncé à la succession ou en aient été écartés comme indignes, les père et mère deviennent héritiers, et de cette qualité découle alors pour eux le droit de réclamer la réserve.

Enfin, les ascendants autres que le père et la mère n'ont pas droit à la réserve, s'il existe des frères et sœurs ou descendants d'eux se portant héritiers ; la présence de l'une de ces personnes écarte les ascendants de la succession *ab intestat*.

Les frères et sœurs qui n'ont droit à aucune réserve empêchent par leur présence les ascendants autres que les père et mère de recueillir celle que la loi leur accorde lorsqu'ils sont héritiers.

Telle est la règle posée par notre Code : quelques personnes l'ont trouvée étrangement bizarre ; d'autres l'ont défendue. Qu'y a-t-il d'étonnant à ce que la loi, pour leur attribuer la succession tout entière, préfère les frères et sœurs aux ascendants du second degre? Ne doit-elle pas s'inquiéter du bien-être général en même temps qu'elle réglemente les intérêts privés? Les frères et sœurs sont jeunes, par conséquent plus actifs; les biens ont chance de prospérer dans leurs mains; ils dépériraient probablement s'ils devenaient la propriété d'un vieillard.

Qu'on ne parle pas d'ascendant réduit à la misère. Il a droit de demander une pension alimentaire à ses petits-enfants, frères et sœurs du défunt; et puisque la pension alimentaire se règle non-seulement sur les besoins de celui qui la demande, mais aussi d'après la fortune de celui qui la doit, l'ascendant profitera quoiqu'indirectement de la succession de son petit-fils; attribuée aux frères et sœurs de ce dernier, elle les mettra dans l'obligation de servir à l'ascendant une pension alimentaire plus considérable.

La loi n'est donc pas si bizarre qu'on l'a bien voulu dire. Elle attribue une réserve aux ascendants, mais alors seulement qu'ils en ont besoin, c'est-à-dire quand le défunt ne laisse pas de frères et sœurs.

Quoi qu'il en soit, ce n'est pas, on ne saurait trop le répéter, l'existence seule des frères et sœurs, c'est leur acceptation de la succession qui a pour effet de priver les ascendants autres que père et mère de leur réserye. En cas de renonciation, les frères et sœurs, par application du principe posé dans l'art. 785, sont regardés comme n'ayant jamais été héritiers. Du jour de l'ouverture de la succession, les ascendants ont été seuls héritiers;

on ne saurait par conséquent soutenir qu'ils n'ont pas droit à la réserve (1).

Si le défunt, au lieu de consumer sa fortune en libéralités entre-vifs, en legs particuliers ou en legs à titre universel, a institué un légataire universel, que va-t-il se passer?

Les frères et sœurs, dit-on dans un premier système, par leur présence entre le légataire universel et l'ascendant, empêchent celui-ci de réclamer utilement la réserve. Mais si l'on trouve un moyen de mettre le légataire universel et l'ascendant en contact direct, il faudra bien admettre que le défunt n'aura pas pu disposer de tous ses biens. Ce moyen existe, c'est la renonciation des frères et sœurs. Qu'ils renoncent donc; et la réserve de l'ascendant, paralysée un moment par eux, va reparaître dans toute sa vigueur (2).

Un second système repousse ce résultat. Quand il n'y a pas de légataire universel, disent les partisans de ce système, nous comprenons la renonciation des frères et sœurs; nous admettons qu'elle a pour effet de faire renaître le droit de réserve de l'ascendant. Rien de plus juste, rien de plus conforme à la saine interprétation. Cette renonciation est valable; elle est sérieuse : il y a abandon d'un droit par les frères et sœurs. La succession *ab intestat* refusée par eux passe à l'ascendant. Que lui manquait-il pour être réservataire? La qualité d'héri-

---

(1) Paris, 16 juillet 1839; Rej., 11 juin 1840; Duranton, VIII, nos 310 et 311; Coin-Delisle, n° 6; Poujol, art. 915, n° 7; Marcadé, art. 915, n° 2; l'opinion contraire n'a trouvé qu'un seul défenseur, Vazeille, art. 915, n° 3.

(2) Duranton, *Donations*, t I, n° 311; Marcadé art. 915, n° 2.

tier ; il devient donc réservataire en même temps qu'il devient héritier.

Mais quand il y a un légataire universel, aucun droit n'est ouvert au profit des frères et sœurs. Le défunt, en faisant son testament, a pris lui-même le soin de les écarter de sa succession. A quoi renoncent-ils, s'ils n'ont aucune prétention à élever ? Une renonciation de leur part en présence d'un légataire universel n'est pas sérieuse ; elle n'est pas valable et ne saurait avoir d'effet.

Nous savons bien, ajoute-t-on, qu'en renonçant, les frères et sœurs abandonnent le droit d'attaquer le legs soit pour captation, soit pour vice de forme, ou bien encore d'en demander la révocation pour cause d'ingratitude. Qu'importe cela à la question qui nous occupe ? Ce droit abandonné par les frères et sœurs passera à l'ascendant, nous n'en disconvenons pas ; mais est-ce le droit à une réserve ? Non ; c'est un droit éventuel et rien de plus. Pour devenir héritier, l'ascendant aurait à faire reconnaître par la justice la nullité du testament ou l'ingratitude du légataire. Ce ne serait pas une réserve qu'il demanderait alors, mais bien la succession dans sa totalité.

En résumé, disent en terminant les partisans de ce système, le défunt a dépouillé ses frères et sœurs ; ils ne peuvent, en renonçant à un droit qui leur a été enlevé, en créer un au profit de l'ascendant qui n'en avait aucun. Et d'ailleurs, à quelle déplorable situation n'arriverait-on pas ? La réserve de l'ascendant dépendrait du caprice des frères et sœurs. Il y a plus, ceux-ci pourraient mettre aux enchères la conduite qu'ils auraient à tenir : « Donnez-nous telle somme, diraient-ils à l'ascendant, et nous renonçons; vous aurez une réserve. » Puis ils iraient trouver le légataire : « Notre ascendant nous offre tant; donnez-nous davantage, et nous ne renonçons pas; vous n'aurez pas à subir de réduction. » Ce serait en définitive les frères et sœurs qui profiteraient de la réserve, si elle existait en pareil cas. Telle n'a pu être la volonté de la loi (1).

Ce second système réfute victorieusement le premier; et si celui-ci avait donné la véritable raison sur laquelle peut s'appuyer la réserve de l'ascendant, il faudrait bien reconnaître qu'elle n'existe pas en présence d'un légataire universel, qu'il y ait ou qu'il n'y ait pas renonciation des frères et sœurs. Mais il n'en est pas ainsi, et l'on peut, en abandonnant le premier système et en ne se servant du second que pour détruire le premier, soutenir qu'en présence d'un légataire universel et de frères et sœurs l'ascendant a une réserve. Loin que la présence de ce légataire universel soit préjudiciable à l'ascendant parce qu'elle empêche les frères et sœurs de renoncer utilement, je crois que l'ascendant n'a qu'à s'en féliciter, en ce sens que peu lui importe alors le parti pris par les frères et sœurs; dans tous les cas il a droit à une réserve. Telle est la troisième solution proposée sur la question qui nous occupe; c'est, je crois, la bonne.

Par l'institution d'un légataire universel, le défunt a voulu dépouiller sa famille au profit d'un étranger. Il écarte de sa succession ses frères et sœurs; il n'en est plus question, puisque la loi ne met pour eux aucune

---

(1) Vazeille, *Des successions et donations*, art. 915, n° 3; Zachariæ, Aubry et Rau, § 680, note 10.

partie de la succession à l'abri des dispositions du défunt; mais aussitôt l'exclusion des frères et sœurs opérée par la force même de l'institution universelle, l'ascendant apparaît; il se trouve seul face à face avec le légataire universel, et ne peut être complétement dépouillé à son profit. La réserve de l'ascendant ne fléchit que quand des frères et sœurs sont appelés à recueillir la succession; il existe, il est vrai, dans notre hypothèse, des frères et sœurs, mais leur existence est toute de fait, elle n'a rien de légal; ils n'ont rien à prétendre sur les biens du défunt, ils ont été deshérités par lui; rien ne s'oppose donc plus pour l'ascendant à l'exercice de son droit de réserve.

Le premier système est faux : il permet de renoncer à un droit qui n'existe pas. Le second est illogique : les frères et sœurs, dit-on, n'ont pas droit à la succession, donc ils ne peuvent y renoncer ; mais cependant ils excluent l'ascendant et son droit de réserve, parce qu'ils ont droit à la succession. Le troisième seul a le mérite d'être vrai et conséquent avec son principe : les frères et sœurs n'ont pas droit à la succession; ils n'y peuvent renoncer parce qu'ils ne sont pas héritiers, et, puisqu'ils ne sont pas héritiers, leur existence n'est point un obstacle à la réserve de l'ascendant. C'est là et ce devait être là la pensée du législateur. Quand les frères et sœurs du défunt sont appelés à recueillir sa succession, la loi fait disparaître devant leur vocation la réserve de l'ascendant. Pourquoi? Parce que celui-ci, dût-il même en souffrir, ne se plaindra jamais de l'enrichissement de ses petits-enfants; et d'ailleurs, en le privant de sa réserve, le législateur ne craignait pas de le voir réduit à la misère ; au contraire, la pension alimentaire qu'il peut demander à ses petits-enfants augmente avec la fortune de ceux-ci.

Mais faire tomber la réserve de l'ascendant devant une institution universelle par cela seul qu'il existe des frères et sœurs du défunt, ce serait priver l'ascendant du secours de la loi au moment où il en a le plus besoin; ce serait faire subir à la famille une plus forte spoliation, précisément parce qu'il se trouverait dans la famille des membres survivants que la loi préfère, quand il s'agit de la succession *ab intestat,* à ceux mêmes qu'elle met à l'abri des libéralités du défunt. « Au titre des successions, dit M. Delvincourt, les frères et sœurs sont préférés aux ascendants ; au titre des donations, les ascendants sont préférés, puisqu'ils ont un droit de réserve qui est refusé aux frères et sœurs; en sorte que, si la succession est dévolue *ab intestat*, l'aïeul n'a rien à prétendre s'il y a des frères ou sœurs. Mais s'il y a un légataire universel, les frères et sœurs n'ont pas même le droit de venir à la succession, et l'ascendant qui aurait été exclu par eux, s'il n'y avait pas eu de testament, viendra prendre sa réserve sur le legs universel (1). » Tels sont les vrais principes (2).

---

(1) Delvincourt, t. III, p. 56.

(2) *Sic*, Coin-Delisle, art, 1006, n° 5; *Consultation* de M. Victor Augier, rapportée sous l'arrêt de la Cour de cass. du 11 juin 1840; Devilleneuve, t. XL, 1re partie, p. 680; Vernet, p. 365.

SECTION IV.

Du cas où un ascendant est appelé à reprendre les biens par lui donnés dans la succession de son descendant décédé sans postérité.

« Les ascendants, dit l'art. 747, succèdent à l'exclusion de tous autres aux choses par eux données à leurs enfants ou descendants décédés sans postérité, lorsque les objets donnés se retrouvent en nature dans la succession. »

Ce texte est formel : pour que l'ascendant puisse reprendre les biens par lui donnés dans la succession de son enfant décédé sans postérité, il faut que celui-ci n'en ait pas disposé. S'il y a eu disposition des biens, ils ne se retrouvent plus en nature, et l'art. 747 refuse dans ce cas toute réclamation à l'ascendant donateur. Il est donc bien évident qu'il n'a pas droit à une réserve. Pas de difficulté sur ce point.

Mais l'ascendant donateur peut être aussi appelé à recueillir la succession comme héritier. Quelle sera sa réserve ?

Des ascendants plus rapprochés que l'ascendant donateur peuvent l'exclure de la succession ordinaire. Quelle sera leur réserve ? Sur quels biens se calculera-t-elle ? En fixera-t-on la quotité d'après le patrimoine entier du défunt, ou ne devra-t-on tenir compte que des biens qui lui viennent d'une source autre que la libéralité de l'ascendant ?

Ces questions ont soulevé de longues et graves discussions: les auteurs se sont partagés, les systèmes se sont multipliés. Les rapporter tous serait trop long ; en choisir un ou deux serait difficile; je me bornerai à exposer l'opinion à laquelle je m'arrête.

Quand un défunt laisse des biens qu'il a reçus d'un ascendant et des biens qui proviennent, soit de son travail, soit de libéralités faites par des étrangers ou par des parents autres qu'un ascendant, il y a en réalité deux successions, l'une ordinaire, l'autre anomale.

L'ascendant donateur peut être appelé à recueillir à la fois l'une et l'autre. Comme ascendant donateur, il n'a pas droit à une réserve ; il lui en est dû une, comme ascendant appelé à la succession ordinaire. La succession anomale de l'art. 747 disparaît dans ce cas, elle se confond avec la succession ordinaire. L'ascendant, comme héritier, a droit à une réserve, et, recueillant tous les biens sans distinction à ce titre, c'est sur la totalité de la succession que portera cette réserve.

Des ascendants plus proches que l'ascendant donateur recueillent-ils la succession ordinaire? C'est sur cette succession seule que portera leur réserve (1).

Mais, qu'on le remarque bien, pour qu'il en soit ainsi, il faut qu'il y ait concours de la succession ordinaire et de la succession anomale. Si le défunt avait disposé de tous les biens qui lui provenaient de la libéralité de son ascendant, il ne pourrait plus être question de succession anomale; il n'y aurait plus que la succession ordinaire; tous les biens donnés et légués devraient, par

(1) *Sic* Vazeille, art 747, n° 10; Marcadé, art. 747, nos 9, 10 et 11.

conséquent, être compris sans distinction dans la masse sur laquelle serait calculée la réserve des ascendants héritiers ordinaires.

CHAPITRE III.

MODIFICATIONS APPORTÉES AUX RÈGLES DE LA RÉSERVE, LORSQU'IL S'AGIT DE LIBÉRALITÉS ENTRE ÉPOUX.

§ 1er. — L'époux donateur ne laisse ni ascendants ni descendants.

Lorsque l'époux donateur ne laisse ni ascendants ni descendants, aucune limite n'est imposée à ses libéralités envers son conjoint; elles peuvent absorber sa fortune tout entière. Il eût été bizarre que la loi se montrât plus sévère pour les libéralités faites par l'époux à son conjoint que pour celles dont un étranger aurait été l'objet. La fortune tout entière de l'homme qui ne laisse ni ascendants ni descendants peut être épuisée, aux termes de l'art. 916, en donations entre-vifs ou testamentaires; il en devait être, à plus forte raison, de même quand, au lieu de s'adresser à un étranger, ces donations s'adressent à celui que les liens du mariage unissaient au donateur. La loi avait assez protégé le donateur contre lui-même, en déclarant révocables les libéralités faites pendant le mariage par l'un des époux à son conjoint : elle eût été injuste en accordant, au détriment de l'époux donataire, une réserve à des collatéraux qu'elle permet de dépouiller complétement en faveur d'un étranger.

§ 2. — L'époux donateur laisse des ascendants.

Lorsque l'époux donateur laisse pour héritiers des ascendants, leur réserve est moins forte en présence de l'autre époux qu'elle ne l'eût été en face d'un donataire étranger. En effet, à l'égard d'un étranger, « les libéra- « lités par actes entre-vifs ou par testament ne pourront « excéder la moitié des biens, si, à défaut d'enfants, le « défunt laisse un ou plusieurs ascendants dans chacune « des lignes paternelle et maternelle, et les trois quarts « s'il ne laisse d'ascendants que dans une ligne (article 915). » Au contraire, « l'époux pourra, soit par con- « trat de mariage, soit pendant le mariage, pour le cas « où il ne laisserait point d'enfants ni de descendants, « disposer en faveur de l'autre époux, en toute propriété, « de tout ce dont il pourrait disposer en faveur d'un « étranger, et, *en outre de l'usufruit, de la totalité de la* « *portion dont la loi prohibe la disposition au préjudice* « *des héritiers* (art. 1094). »

Ainsi, en supposant des ascendants dans les deux lignes, la réserve sera de moitié, mais en nue propriété seulement; elle sera d'un quart en nue propriété, s'il n'y a d'ascendants que dans une seule ligne.

Dans la première hypothèse, l'époux peut donner à son conjoint la moitié de ses biens en toute propriété et l'autre moitié en usufruit; dans la seconde, trois quarts en toute propriété et l'autre quart en usufruit.

Il n'est aucun auteur qui n'ait critiqué cette disposition de la loi. N'est-il pas bien étrange, en effet, d'attribuer pour réserve aux ascendants une nue propriété ?

Les ascendants sont toujours beaucoup plus âgés que leur bru ou leur gendre; il est plus que probable qu'ils mourront avant l'usufruitier de leur réserve. Le droit que la loi leur accorde est presque illusoire. Qu'on suppose, en effet, l'ascendant dans le besoin; il ne peut pas s'adresser à l'époux survivant pour obtenir de lui des aliments; celui-ci n'est plus tenu de la dette alimentaire envers son beau-père ou sa belle-mère, puisque l'époux qui produisait l'affinité est mort sans enfant (art. 206). Une seule ressource se présente à l'ascendant : il vendra sa nue propriété. Mais c'est là un fait bien connu de tout le monde, une nue propriété, quand l'usufruit repose sur une tête jeune encore, ne se vend jamais qu'à vil prix.

§ 3. — Les époux ont des enfants communs.

La réserve ordinaire est de la moitié, des deux tiers ou des trois quarts des biens, suivant que le défunt laisse un, deux ou trois enfants.

« Pour le cas où l'époux donateur laisserait des en-
« fants ou des descendants, nous dit l'art. 1094 dans
« son deuxième alinéa, il pourra donner à l'autre époux,
« ou un quart en propriété et un autre quart en usufruit,
« ou la moitié de ses biens en usufruit seulement. »

La réserve, quand il s'agit de libéralités entre époux, est donc de moitié en pleine propriété et un quart en nue propriété, ou bien de moitié en pleine propriété et moitié en nue propriété.

Mais cette réserve, qui résulte de l'art. 1094-2°, est-elle invariable, quel que soit le nombre des enfants, ou bien est-il permis à l'époux donateur de ne laisser dans sa succession *ab intestat* que la portion de ses biens qui devrait y rester en présence d'un donataire étranger, quand cette réserve est moins considérable que celle de l'article 1094-2° ?

En d'autres termes, et pour replacer la question dans la forme où elle a été posée, la quotité disponible entre époux est-elle fixe et invariable, quel que soit le nombre des enfants ? Est-elle tantôt supérieure, tantôt inférieure à la quotité disponible ordinaire ? Ou bien, au contraire, la quotité disponible de l'art. 1094-2° n'est-elle qu'une extension de la quotité disponible ordinaire, et la quotité disponible entre époux, qui peut être quelquefois supérieure à la quotité disponible ordinaire, doit-elle lui être au moins toujours égale ?

Jusqu'en 1842, tout le monde s'accordait à dire que la quotité disponible était invariablement fixée entre époux par l'art. 1094 ; la jurisprudence et la doctrine étaient unanimes. M. Benech, professeur à la Faculté de droit de Toulouse, entreprit alors, dans un ouvrage très-étendu et consacré tout entier à l'examen de l'art. 1094, de démontrer que cet article n'était qu'une faveur accordée à la qualité d'époux du donataire, et que, par conséquent, si la quotité disponible qu'il fixe se trouvait moins forte que ne l'eût été la quotité disponible ordinaire, l'époux donataire pouvait, laissant de côté l'exception introduite en sa faveur, se replacer dans la règle générale de l'art. 913.

Il est inadmissible, selon M. Benech et les partisans de son système, que le législateur n'ait pas permis de donner au moins autant à un époux qu'à un étranger : la qualité d'époux devait, au contraire, être un motif de faveur aux yeux de la loi.

L'art. 1094 est-il donc limitatif? Non, certainement; il porte simplement que, dans le cas où l'époux donateur laissera des enfants ou descendants, il pourra donner à l'autre époux un quart en propriété et un quart en usufruit, ou moitié en usufruit seulement. Il n'y a rien dans les termes de cet article qui indique une prohibition de disposer au delà de ce chiffre, quand le nombre des enfants le permet. Lorsque la loi veut prohiber, elle se sert d'une locution qui indique sa pensée. L'art. 913, par exemple, porte que *les libéralités ne pourront excéder*, etc. L'art. 1094, au contraire, en disant que l'époux pourra faire telle disposition, ne dit pas qu'il ne pourra faire telle autre ; il est facultatif et non prohibitif.

Du reste, quel cas a-t-il donc en vue ? Celui où l'époux donateur laisse des enfants ou descendants. L'article emploie le pluriel. Il ne prévoit donc pas le cas où il n'y aurait qu'un seul enfant; il faut donc bien se reporter alors à l'art. 913, pour la fixation de la quotité disponible et de la réserve.

Si le texte de l'art. 1094, ajoute-t-on, se prête à cette solution, son esprit ne l'indique pas moins. Que l'on se reporte à l'historique de la rédaction du Code Napoléon, on en demeurera convaincu.

Dans le premier projet de Code civil rédigé par Jacqueminot se trouvait un article 16 ainsi conçu : « Les dona-« tions, soit entre-vifs, soit à cause de mort, ne peuvent « excéder le quart des biens du donateur, s'il laisse à « son décès des enfants ou des descendants; la moitié, « s'il laisse des ascendants, des frères ou sœurs ou des

« descendants des frères et sœurs; les trois quarts, s'il « laisse des oncles, des grands-oncles ou des cousins « germains. » Plus loin venait un article 151. Cet art. 151 du projet Jacqueminot, c'est celui qui a passé dans le Code Napoléon sous le numéro 1094, et cela textuellement, sauf le seul changement du verbe *pouvoir*, mis de l'indicatif au futur. Que l'on rapproche l'article 1094, autrefois article 151 du projet Jacqueminot, de l'art. 16 de ce même projet, on voit alors que dans tous les cas possibles la quotité disponible entre époux devait être supérieure à la quotité disponible ordinaire. Le projet Jacqueminot a été tout simplement copié par les rédacteurs du Code Napoléon; c'est sur ce projet que le Conseil d'État a été appelé à délibérer. Dans cette discussion, et sur la proposition du consul Cambacérès, aux dispositions de l'article 16 cité plus haut, furent substituées celles qui forment aujourd'hui l'article 913. On ne toucha pas à l'article 151, aujourd'hui article 1094. Cet article n'a pu perdre son caractère primitif; il n'a pu devenir restrictif des droits du conjoint, quand il avait précisément pour but de les étendre.

La lettre et l'esprit de l'article 1094 se refusent à ce qu'on y voie la fixation entre époux d'une quotité disponible et d'une réserve invariable.

Ce système, on le voit, présente trois sortes d'arguments : des arguments philosophiques, des arguments de texte et des arguments historiques; c'est en nous appuyant à notre tour sur des arguments semblables que nous le repoussons.

Il est inadmissible que la quotité disponible soit plus faible entre époux qu'à l'égard d'un étranger, nous dit-on. C'est au contraire tout naturel. La loi devait, pour fixer la quotité disponible entre époux, prendre une sorte de moyenne entre la quotité disponible ordinaire la plus faible et la quotité disponible ordinaire la plus élevée. En effet, le lien qui unit l'époux donataire au donateur son conjoint devait être une faveur aux yeux du législateur; mais ce devait être en même temps pour lui un motif de prudence. Rarement un homme donnera à un étranger la moitié de sa fortune; pour qu'il dépouillât à ce point son enfant, il faudrait que celui-ci lui eût donné de bien graves sujets de mécontentement. Au contraire, les libéralités entre époux sont toutes naturelles; la loi pouvait se montrer plus large vis-à-vis d'un étranger qu'à l'égard du conjoint. L'amour du père ou de la mère pour son enfant lui était un sûr garant contre l'excès des libéralités s'adressant à des étrangers; une donation de la quotité disponible tout entière se rencontrerait rarement; ce ne serait le plus souvent qu'une punition méritée par l'enfant. Au contraire, quand la libéralité était faite au conjoint, rien n'assurait plus la loi contre son excès, et c'est un axiome : *lex arctius prohibet quod facilius fieri putat.*

Il est donc tout naturel que la quotité disponible entre époux soit tantôt plus forte, tantôt moins forte que la quotité disponible ordinaire.

Ce devait être aussi une quotité fixe et invariable. Il était impossible que la loi, si elle voulait être morale, la fît varier avec le nombre des enfants. L'un des conjoints a fait à l'autre une donation alors qu'il n'y avait qu'un seul enfant né de leur union; s'il survient un second enfant, la réserve va augmenter, la quotité disponible va diminuer. Voilà donc le conjoint donataire intéressé à ce que le mariage demeure désormais stérile. Il fallait éviter un pareil résultat, et le législateur n'avait qu'un moyen pour cela : imposer aux libéralités entre époux une limitation qui ne variât jamais.

Je passe aux arguments de texte. L'article 1094, nous dit-on, est facultatif et non prohibitif; il dit que l'un des époux peut donner à l'autre jusqu'à telle fraction de ses biens; il ne dit pas qu'il ne peut lui donner que cette fraction.

Cette prohibition qui, dit-on, n'existe pas dans l'article 1094, il n'est pas besoin de la chercher bien loin; lisons l'article 1099 : « Les époux ne pourront se donner indirectement au delà de ce qui leur est permis par les dispositions ci-dessus. » A moins de prétendre que c'est l'article 913 qui est visé par les mots « *les dispositions ci-dessus*, » il faut bien admettre que la disposition prohibitive demandée de l'article 1094 existe dans l'article 1099.

Les arguments tirés de l'historique de la rédaction sont plus spécieux. Il est cependant facile de les repousser. Que cherche-t-on? L'esprit de la loi. Au lieu de se borner à une simple induction basée sur la reproduction de l'article 151 du projet Jacqueminot dans l'article 1094, qu'on se reporte aux travaux préparatoires eux-mêmes. Prenons le discours de M. Jaubert, rapporteur de la loi devant le Tribunat : « Quant à l'émolument des dispositions entre époux, soit par donation, soit par testament, il faut distinguer; s'il reste des enfants du mariage, l'époux survivant *ne peut avoir qu'*un quart en propriété et un autre quart en usufruit, ou la moitié de tous les biens en usufruit seulement. Si la disposition excédait ces bornes, elle serait réduite proportionnellement. »

M. Bigot-Préameneu est encore plus explicite devant le Corps législatif : « Si l'époux laisse des enfants, son affection se partage entre eux et son époux, et lors même qu'il se croit le plus assuré que l'autre époux survivant ferait de la totalité de sa fortune l'emploi le plus utile aux enfants, les devoirs de la paternité sont personnels, et l'époux donateur y manquerait s'il les confiait à un autre ; il ne pourra donc être autorisé à laisser à l'autre époux qu'une partie de sa fortune, et cette quotité est fixée à un quart de tous les biens en propriété et un autre quart en usufruit, ou la moitié de la totalité en usufruit. »

Ces deux passages suffiraient, ce me semble, pour fixer sur la pensée des rédacteurs du Code et sur l'esprit de l'art. 1094 ; il y a cependant quelque chose de plus probant encore.

Lorsque le titre des donations fut communiqué officieusement à la section de législation du Tribunat, elle proposa de substituer au deuxième alinéa de l'art. 1094 la rédaction suivante : « Pour le cas où l'époux donateur laisserait des enfants ou descendants, il pourra donner à l'autre époux tout ce dont il pourrait disposer en propriété, ou la moitié de tous ses biens en usufruit seulement. » La section pensait « qu'il était juste, dans le cas où il y aurait des enfants, qu'un époux pût donner à l'autre tout ce dont il pourrait disposer en propriété, c'est-à-dire tout ce qu'il pourrait donner à un étranger, ou la moitié de ses biens en usufruit. »

Ce droit n'appartenait donc pas à l'époux, d'après

l'article 1094, tel que l'avait rédigé le conseil d'Etat; il serait impossible, s'il n'en était pas ainsi, de s'expliquer les observations du Tribunat et la nouvelle rédaction qu'il proposait. Le conseil d'Etat ne se rendit pas au vœu de la section de législation; la rédaction de l'article 1094 fut reproduite dans le Code telle qu'elle était avant la communication au Tribunat.

Nous pouvons donc dire avec assurance que la quotité disponible entre époux est invariable; elle est tantôt plus forte et tantôt plus faible que la quotité disponible ordinaire (1).

Par conséquent aussi, la réserve des enfants est invariable, quel que soit leur nombre, en présence d'un époux donataire; elle est tantôt plus forte et tantôt plus faible que celle qui lui serait attribuée à l'égard d'un donataire étranger. Elle est plus forte lorsqu'il n'y a qu'un enfant; plus faible, lorsqu'il y en a trois ou davantage.

§ 4. — L'époux donateur laisse des enfants issus d'un précédent mariage.

L'art. 1098 est ainsi conçu : « L'homme ou la femme qui, ayant des enfants d'un autre lit, contractera un second ou subséquent mariage, ne pourra donner à son nouvel époux qu'une part d'enfant légitime le moins

(1) *Sic* Nîmes, 10 juin 1807; Riom, 8 mars 1842; Montpellier, 8 février 1843; Rej. 3 décembre 1844.—Toullier, v, n° 869; Grenier, n° 584; Delvincourt, II, p. 65; Vazeille, art. 1094, n° 6; Coin-Delisle, art. 1094, n° 5; Marcadé, art. 1094; de Vatimesnil, *Droit* du 24 juillet 1845.

prenant et sans que, dans aucun cas, ces donations puissent excéder le quart des biens. »

Ainsi, en présence d'un nouvel époux, la réserve des enfants du premier lit est toujours au moins des trois quarts de la fortune du donateur. Elle peut être plus forte, puisque le nouvel époux ne peut recevoir qu'une part d'enfant; la réserve serait alors représentée par une fraction qui aurait pour numérateur un chiffre correspondant au nombre des enfants du premier lit, et pour dénominateur ce même chiffre augmenté d'une unité. L'époux donateur laisse, par exemple, quatre, cinq ou six enfants issus d'un précédent mariage; leur réserve sera, en présence du nouvel époux, des quatre cinquièmes, des cinq sixièmes ou des six septièmes de la succession.

La réserve peut s'élever encore; la loi suppose, en effet, le cas dans lequel l'un ou plusieurs des enfants auraient été avantagés; le nouvel époux donataire ne peut alors recevoir qu'une part égale à celle de l'enfant le moins prenant. Il est impossible de fixer ici par avance le chiffre de la réserve; tout ce que l'on peut dire, c'est qu'elle sera évidemment encore plus élevée que dans les deux premières hypothèses.

DEUXIÈME PARTIE.

DE LA RÉDUCTION.

Pour qu'une loi soit bonne, pour qu'on ne puisse pas lui adresser ce reproche que lui aurait adressé Ulpien : « *Minus quam perfecta lex est quæ vetat aliquid fieri, et si factum sit non rescindit,* » il ne suffit pas qu'elle pose une règle, elle doit encore faire en sorte que cette règle ne puisse être impunément violée : toute disposition de la loi demande une sanction.

La réserve trouve la sienne dans la réduction, c'est-à-dire dans le droit accordé aux réservataires de ramener les libéralités excessives du défunt dans les limites qu'il n'aurait pas dû dépasser.

Mais, avant de parler de la réduction elle-même, il s'agit de savoir s'il y a eu transgression des règles sur la réserve ; il s'agit, cette transgression reconnue, de voir jusqu'où elle va ; il faut, en un mot, se rendre un compte exact de la fortune du défunt.

CHAPITRE PREMIER.

VÉRIFICATION DU POINT DE SAVOIR SI LA RÉSERVE A ÉTÉ ENTAMÉE ET DANS QUELLE PROPORTION ELLE L'A ÉTÉ.

SECTION 1re.

A quel moment doit-on se placer pour faire cette vérification?

Ce n'est ni la fortune du disposant au jour où il a donné

entre-vifs, ni sa fortune au jour où il a fait son testament, qu'il faut envisager pour savoir si ses libéralités sont ou non excessives; c'est sa fortune telle qu'elle se comporte au jour de sa mort. Tel est le sens de l'art. 920 :

« Les dispositions, soit entre-vifs, soit à cause de mort, qui excéderont la quotité disponible, seront réductibles à cette quotité, lors de l'ouverture de la succession. »

Le droit à la réserve est une partie de la succession *ab intestat;* il est naturel que, comme elle, il ne s'ouvre qu'au décès du disposant.

Un homme, par donation ou par testament, dispose d'une partie de sa fortune; il n'a qu'un enfant et il se garde bien de toucher à la fraction de ses biens que la loi lui ordonne de laisser à cet enfant. Dira-t-on que la donation ne sera jamais réduite, que le legs sera intégralement payé? Non; un second enfant peut survenir, et la libéralité, qui eût été entièrement valable en présence d'un seul réservataire, se trouvera excessive quand il y en aura deux. Au contraire, voilà un père qui a deux enfants : il donne ou lègue plus du tiers de sa fortune. Il se peut cependant que la donation ou le legs, en supposant le prédécès de l'un des enfants, se trouve, à la mort du disposant, dans les limites de la quotité disponible.

La fortune a ses caprices : le patrimoine de l'un augmente tandis que les biens de l'autre s'en vont. Telle libéralité qui n'eût pas été sujette à réduction si le disposant fût mort le jour même où il l'a faite, se trouve exagérée au moment de son décès; et telle autre qui aurait été soumise à la réduction se trouve comprise dans les limites de la quotité disponible.

Tout dépend de l'avenir; c'est au moment du décès

seulement que peut se faire le calcul de la réserve et de la quotité disponible.

Mais, s'il en est ainsi, entre la donation ou la confection du testament et la mort du disposant, la législation a pu changer. Quelle loi devra-t-on appliquer? La loi existante à l'époque de la donation ou du testament, ou bien celle en vigueur au jour du décès?

Quelques auteurs, notamment Levasseur (1), enseignent que l'on doit suivre, dans tous les cas, la disposition législative en vigueur au jour du décès. Mais la plupart des auteurs et une jurisprudence désormais fixée résolvent la question par une distinction.

Sans doute, en ce qui touche les libéralités testamentaires, on doit régler la quotité disponible et la réserve d'après la loi applicable au jour du décès du testateur. Tout testament n'est qu'un simple projet jusqu'à la mort de celui qui l'a fait; c'est alors seulement qu'il naît à la vie légale et qu'il peut produire un effet. Les légataires n'ont qu'une espérance jusqu'à la mort du testateur; celui-ci reste propriétaire et libre de révoquer les dispositions qu'il a faites; c'est au décès seulement que s'ouvre le droit des légataires, et il est tout naturel que ce droit soit soumis à l'application de la loi alors en vigueur, sans qu'il y ait à rechercher si cette loi nouvelle a augmenté ou diminué la quotité disponible.

Mais il n'en est plus de même des donations entre-vifs. Au jour même de la donation, le donateur se dépouille pour investir le donataire; celui-ci devient propriétaire: il y a pour lui droit acquis et irrévocable.

---

(1) Levasseur, *Portion disponible*, n° 193.

La donation a été faite dans les limites assignées par la loi alors en vigueur ou elle les dépassait; c'était cette loi qu'avaient en vue le donateur et le donataire quand ils songeaient à la réduction que pouvait subir la libéralité. Une loi postérieure ne pourrait y porter atteinte sans encourir le reproche de rétroactivité et sans violer l'art. 2 du Code Napoléon.

Mais si l'on ne peut opposer au donataire le changement de législation, il peut, au contraire, se prévaloir de la loi nouvelle qui abaisserait le taux de la réserve pour augmenter celui de la portion disponible.

Au moment de la donation, le donataire devient propriétaire de tout ce qui fait l'objet de la libéralité ; une condition résolutoire est tacitement mise à son droit ; il sera soumis à la réduction si, à l'époque du décès, il se trouve en présence d'héritiers réservataires. Or, si, d'après la loi en vigueur au jour du décès, il n'y a plus d'héritiers réservataires, ou s'ils n'ont plus droit qu'à une moindre quotité des biens, la condition résolutoire qui affectait le droit du donataire se trouve défaillie en tout ou en partie.

Le droit à la réserve est un droit de succession ; pour être héritier réservataire, il faut d'abord être héritier : *Prius est esse quam esse talis,* dit un vieil axiome. Jusqu'à la mort d'un homme, il n'y a pas de droit acquis à sa succession ; il n'y a que des espérances. Toute loi nouvelle modifie donc les vocations aux successions sans qu'on puisse lui adresser le reproche de rétroactivité. En supposant une suppression ou une diminution de la réserve, ceux qui, d'après l'ancienne législation, auraient été réservataires, ne pourront plus, d'après la loi nouvelle, réclamer de réserve, ou seront obligés de se contenter d'une réserve moins forte.

Il est donc bien évident que le donataire peut conserver, jusqu'à concurrence de la nouvelle quotité disponible, la libéralité dont il a été l'objet.

SECTION II.

Formation de la masse sur laquelle doivent se calculer la réserve et la quotité disponible.

« La réduction se détermine, dit l'art. 922, en formant une masse de tous les biens existants au décès du donateur ou testateur. On y réunit fictivement ceux dont il a été disposé par donations entre-vifs, d'après leur état à l'époque des donations et leur valeur au temps du décès du donateur. On calcule sur tous ces biens, après en avoir déduit les dettes, quelle est, eu égard à la qualité des héritiers qu'il laisse, la quotité dont il a pu disposer. »

Jamais plus qu'ici il n'a été vrai de dire avec Celse : « Scire leges non est verba earum tenere, sed vim ac potestatem. » D'après l'art. 922, pris à la lettre, il faut : 1° rassembler tous les biens existants au décès; 2° y réunir fictivement les biens donnés entre-vifs, et 3° sur le tout opérer la déduction des dettes.

Que l'on suive aveuglément l'art. 922, qu'on l'applique à toutes les hypothèses, et l'on arrivera souvent à un résultat inadmissible. Il en sera ainsi chaque fois que l'actif laissé dans la succession ne sera pas suffisant pour le payement des dettes. Je prends un exemple : Un homme a disposé, de son vivant, de 20,000 francs ; à sa mort, il laisse trois enfants, 30,000 francs de biens et 40,000 fr. de dettes. Suivons la marche tracée par l'art. 922. Il y a, dirons-nous, 30,000 francs au jour du décès; il faut y réunir fictivement les 20,000 francs donnés entre-vifs, cela fait 50,000 francs desquels nous avons à déduire 40,000 francs; restent 10,000 francs. Il y a trois enfants; la réserve est donc des trois quarts de ces 10,000 francs, c'est-à-dire de 7,500 francs. Le donateur conserve, par conséquent, 12,500 francs; et cependant l'art. 913 nous dit que, lorsqu'il y aura trois enfants, la réserve sera de trois quarts, la quotité disponible d'un quart; il nous indique positivement que la quotité disponible doit être égale à la part prise par chacun des trois enfants.

Voilà un singulier résultat. Il peut cependant s'en présenter un plus singulier encore : supposons qu'au lieu d'être de 40,000 francs, les dettes s'élèvent à 50,000 francs, et faisons le calcul que nous faisions tout à l'heure. 30,000 francs de biens au jour du décès, plus 20,000 francs donnés, total 50,000 francs desquels il faut déduire 50,000 francs, reste zéro. La réserve est anéantie et cependant le donataire garde ses 30,000 francs, puisque la réunion des biens donnés n'est que fictive, qu'elle ne se fait que sur le papier et que d'ailleurs, aux termes de l'art. 921, les créanciers ne peuvent ni demander la réduction ni en profiter.

De tout cela, que devons-nous conclure? Que les rédacteurs du Code Napoléon, en écrivant l'art. 922, n'ont eu en vue qu'un seul cas, celui qui se présentera le plus souvent, le cas où le passif est inférieur à l'actif laissé par le défunt. Tout le monde est d'accord sur ce point; tout le monde s'accorde également pour faire subir à la règle posée dans l'art. 922 une légère modification qui suffit pour la rendre applicable à tous les cas.

Quand les biens laissés par le défunt à son décès sont absorbés par les dettes, qu'en résulte-t-il? Qu'il ne laisse rien et qu'il n'y a qu'à mettre un zéro à la place faite dans le calcul de la réserve à la fortune au jour du décès; mais l'autre élément qui doit être pris en considération pour établir le chiffre de cette réserve subsiste. Ainsi, je reprends les exemples qui m'ont servi tout à l'heure. Dans la première et dans la seconde hypothèse, les biens au jour du décès ne suffisent pas au payement des dettes, mais il reste toujours les 30,000 francs donnés, et, calculant sur cette somme la réserve et la quotité disponible, je trouve pour l'une 22,500 francs et pour l'autre 7,500. Cette dernière somme, conservée par le donataire, est précisément égale à celle prise par chacun des trois enfants réservataires. C'est bien ce que veut l'art. 913.

Il faut donc : 1° établir la valeur des biens laissés par le disposant au jour de son décès; 2° en déduire les dettes; 3° estimer la valeur des biens donnés et l'ajouter à l'actif déjà trouvé. Cette manière de procéder a sur celle indiquée par l'art. 922 le mérite de s'appliquer aux deux hypothèses qui peuvent se présenter, celle où l'actif laissé par le défunt est supérieur aux dettes et celle où il est leur inférieur. Aussi, comme je l'ai dit, tout le monde s'accorde-t-il pour faire subir cette modification au texte de l'art. 922.

Nous sommes fixé sur l'ordre des trois opérations nécessaires au calcul de la réserve et de la quotité disponible; reprenons maintenant chacune d'elles en détail.

§ 1er. — Formation de la masse des biens laissés par le défunt.

La masse des biens laissés par le défunt comprend tous ses meubles et tous ses immeubles, corporels ou incorporels; les créances en font par conséquent partie, non-seulement celles qu'il avait contre des tiers, mais aussi celles dont il aurait pu de son vivant réclamer le payement contre l'héritier réservataire.

Peu importe que cet héritier accepte purement et simplement la succession; peu importe la confusion qui s'opère, aux termes de l'art. 1300, par la réunion sur la tête du réservataire des qualités de débiteur et de créancier. La confusion, en effet, ne produit pas l'extinction de l'obligation; elle n'a pas d'autre résultat que de rendre impossible l'exercice de l'action qui en résultait : *Potius eximit personam ab obligatione quam obligationem tollit.*

Les créances contre des débiteurs complétement insolvables ne doivent pas figurer dans la masse. Si, par un heureux hasard, les débiteurs revenant à meilleure fortune, ces créances se trouvaient ultérieurement acquittées en tout ou en partie, l'avantage qui résulterait de ce payement serait partagé entre les donataires et légataires d'une part, et les héritiers réservataires de l'autre, proportionnellement au droit de chacun d'eux.

Quant aux créances douteuses ou conditionnelles, il faut les comprendre dans la masse héréditaire, et à cet égard plusieurs partis s'offrent aux divers intéressés : ou ils veulent en finir immédiatement, ou ils aiment mieux, se contentant d'une réglementation provisoire, laisser pour un temps leurs droits en suspens pour arriver plus tard à attribuer strictement à chacun la part qui lui reviendra.

Dans la première hypothèse, on peut vendre les créances douteuses ou conditionnelles ; elles ne figureront alors dans la masse que pour le prix qu'elles auront produit. Les parties pourraient encore, sans recourir à une vente, s'entendre entre elles pour les estimer à forfait ou s'en remettre à la décision d'un tiers.

Si les parties préfèrent réserver leurs droits, elles peuvent comprendre les créances douteuses ou conditionnelles dans la masse pour une valeur estimative provisoire, sauf à régulariser plus tard leur position. Une autre manière de procéder s'offre encore : les créances douteuses ou conditionnelles considérées comme mauvaises ou comme inexistantes par suite de la non-réalisation de la condition, seront provisoirement exclues de la masse ou bien regardées comme bonnes ou comme pures et simples, elles y seront provisoirement comprises. Dans le premier cas, le réservataire donnera caution aux donataires et légataires de leur tenir compte de ce qu'il aura reçu en trop pour sa réserve si la créance est bonne ou si la condition se réalise; dans le second cas, ce seront les donataires et légataires qui fourniront caution au réservataire de lui tenir compte de ce qu'il aura reçu en moins sur sa réserve, si plus tard les créances se trouvent mauvaises ou si la condition vient à défaillir.

L'estimation des biens qui se trouvent dans la succession se fait d'après leur état et leur valeur au moment du décès. Peu importe l'espace de temps qui se serait écoulé entre la mort du disposant et le jour où l'on procède à la fixation de la réserve. En effet, elle s'est trouvée déterminée *en droit*, au moment même du décès, bien qu'elle ne pût l'être encore *en fait*.

§ 2. — Déduction des dettes.

La masse des biens existants au jour du décès une fois formée, leur valeur établie, il s'agit d'en déduire les dettes. On entend par dettes toutes les charges qui grèvent la succession. Il faut donc y comprendre non-seulement celles qui proviennent du fait même du défunt, mais aussi les frais funéraires, les frais de scellés, d'inventaire, de partage et de liquidation.

Les frais funéraires ont toujours été considérés comme charges de la succession : c'était la décision du droit romain : c'était aussi celle de notre ancienne jurisprudence; tous les auteurs sont d'accord sur ce point.

Quant aux frais de scellés, d'inventaire, de partage et de liquidation, il n'y a plus unanimité pour les comprendre parmi les dettes; il me semble cependant, avec nombre d'auteurs, qu'il en doit être ainsi; faits dans l'intérêt de tous, c'est bien par la succession qu'ils doivent être supportés.

Parmi les dettes qui proviennent directement du défunt, il peut y en avoir de conditionnelles; tout ce que nous avons dit des créances conditionnelles leur est applicable. Ou les divers intéressés veulent immédiatement régler leur position, ou ils préfèrent attendre. Dans le premier cas, ils peuvent acquitter immédiatement ces dettes au moyen d'une somme versée entre les mains des créanciers, en admettant, bien entendu, que ceux-ci y consentent; ou bien elles peuvent être comprises dans la masse passive pour une somme déterminée à forfait. Dans la seconde hypothèse, on peut les faire figurer dans la masse passive pour une somme arbitrée provisoirement, sauf règlement ultérieur, lorsque l'existence ou la non-existence de ces dettes sera devenue certaine. Les intéressés pourraient encore, au moyen de cautions fournies, soit par les réservataires, soit par les donataires ou légataires pour la réglementation à venir, considérer les dettes conditionnelles comme pures et simples, et les comprendre dans la masse passive pour leur valeur nominale, ou bien les regarder comme dès lors inexistantes, et les en exclure complétement.

Enfin, nous avons vu les créances du défunt contre son héritier réservataire figurer, malgré la confusion, dans la masse active; il faut de même faire figurer dans la masse passive les dettes dont le défunt aurait été tenu envers ses héritiers réservataires.

§ 3. — Formation de la masse des biens donnés.

Quand les biens laissés par le défunt ont été rassemblés et estimés; quand les dettes en ont été déduites, de deux choses l'une : ou il reste quelque chose, ou il ne reste rien.

Dans le premier cas, aux biens existants au décès on réunit les biens donnés; dans le second, le défunt est regardé comme n'ayant rien laissé, et, sans tenir compte des dettes, c'est sur la masse des biens donnés que se calcule la réserve.

Voyons donc maintenant de quoi se compose la masse des biens donnés, et comment s'en détermine la valeur.

Il s'agit, pour le calcul de la réserve et de la quotité disponible, de reconstituer le patrimoine du défunt tel qu'il eût été si celui-ci ne s'était jamais montré libéral. Aussi doit-on comprendre dans la masse des biens donnés tous les biens qui, par une libéralité quelle qu'elle soit, sont sortis de la fortune du disposant. Peu importe que ces libéralités soient ou non déguisées, qu'elles soient directement intervenues entre le donateur et le donataire, ou qu'elles résultent d'une convention à titre onéreux passée entre le disposant et un tiers; peu importe qu'il s'agisse de donations ordinaires, ou de remises de dettes; peu importe, enfin, que les libéralités s'adressent à des étrangers ou aux héritiers réservataires eux-mêmes.

Jusqu'en 1826, la Cour de cassation décidait que les biens donnés à l'un des réservataires ne devaient pas être comptés pour le calcul de la réserve. Elle s'appuyait sur l'art. 857, et prétendait que réunir les biens donnés à un réservataire aux biens laissés par le défunt dans sa succession, c'était violer cet article.

Aux termes de l'art. 857, disait-on dans ce système, le rapport n'a lieu qu'en faveur des héritiers; les légataires n'y ont aucun droit et ne peuvent en profiter d'aucune manière. Si les biens donnés à un réservataire devaient être fictivement réunis à la masse pour la fixation de la quotité disponible, ils étendraient les limites de la quotité disponible, et les légataires profiteraient alors de cette réunion, tandis qu'elle ne peut être opérée en leur faveur.

Ce système, sous prétexte de faire respecter l'art. 857, arrivait à un résultat impossible, violait les art. 913

et 915, violait l'art. 922 et donnait un sens complétement faux à l'art. 857 lui-même.

Un homme avait trois enfants; il faisait à chacun d'eux une donation de 20,000 francs, puis, dans un testament, il léguait à un ami une somme de 6 ou 7,000 francs et mourait laissant 20,000 francs dans sa succession. D'après le système que je combats, le légataire n'avait droit qu'à 5,000 francs. Si le père n'avait rien donné à ses enfants, il aurait pu disposer de 20,000 francs. Plus un homme s'était montré généreux envers ses enfants, et plus il se trouvait limité dans ses libéralités. Ce résultat était impossible; il violait, d'ailleurs, complétement les art. 913 et 915, qui n'établissent qu'une seule quotité disponible et une seule réserve, tandis que l'on crée deux quotités disponibles et deux réserves : l'une, lorsque les donations faites par le disposant de son vivant s'adressent à ses futurs héritiers réservataires; l'autre, lorsque ces mêmes donations sont faites à des étrangers. L'art. 922 était aussi violé, puisqu'il ne fait aucune distinction entre les biens donnés par le défunt, et ordonne de les réunir tous à la masse héréditaire. Enfin, il y avait fausse interprétation de l'art. 857; en effet, autre chose est rapporter des biens à la masse, c'est-à-dire les réintégrer réellement, autre chose les y réunir fictivement et sur le papier pour calculer le montant de la quotité disponible et de la réserve. Les légataires ne demandent pas une partie de ce qui a été donné au réservataire; il veulent seulement obtenir ce dont le défunt pouvait disposer à leur profit. Sans doute, en admettant que les biens existants au décès ne fussent pas suffisants pour remplir les légataires des libéralités du défunt à leur égard, ils ne pourraient rien réclamer sur les biens donnés aux réservataires, lors même que ceux-ci auraient reçu plus que leur réserve; cette prétention, s'ils l'élevaient, serait contraire à l'art. 857, mais rien ne les empêche de réclamer tous les biens laissés par le disposant, s'ils sont inférieurs à la quotité disponible calculée comme elle doit l'être.

Par un arrêt célèbre en date du 8 juillet 1826, la Cour de cassation est revenue sur sa première jurisprudence, et depuis lors l'occasion s'est plusieurs fois présentée à elle sans qu'elle y manquât jamais, de consacrer les vrais principes et de déclarer qu'il faut, dans la masse à former pour le calcul de la réserve et de la quotité disponible, comprendre les biens donnés aux réservataires comme les biens donnés à des étrangers (1). Ce changement de jurisprudence a mis fin à toute controverse.

La loi est même plus sévère à l'égard des réservataires qu'à l'égard des étrangers. Certains contrats qui, passés entre le défunt et ces derniers, seraient considérés par elle comme des actes à titre onéreux, passent à ses yeux pour des libéralités quand ils ont été faits avec des successibles en ligne directe.

« La valeur en pleine propriété des biens aliénés, soit à charge de rente viagère, soit à fonds perdu, ou avec réserve d'usufruit, à l'un des successibles en ligne directe, sera imputée sur la portion disponible, et l'excédant, s'il y en a, sera rapporté à la masse. Cette imputation et ce rapport ne pourront être demandés par ceux des autres successibles en ligne directe qui auraient

(1) Arrêts des 13 mai 1829, 19 août 1829, 8 janvier 1834, 8 mai 1838.

consenti à ces aliénations, ni dans aucun cas par les successibles en ligne collatérale (art. 918). »

L'article parle de rapport ; mais ce mot, de l'aveu de tout le monde, n'est pas pris ici dans le sens spécial que lui donne le Code dans les articles 843-870 ; il s'agit de réduction et il eût été plus exact d'employer ce mot.

La loi prévoit trois opérations : un mot sur chacune d'elles. L'aliénation à charge de rente viagère est celle qui est faite à la condition, pour l'acheteur, de payer une certaine somme à l'aliénateur tant qu'il vivra. Aux termes de l'art. 1971, la rente viagère peut être constituée sur la tête d'une tierce personne. On dit qu'on ne pourrait supposer que cette personne se prêtât à donner des quittances sans avoir réellement reçu les arrérages de la rente viagère, et, ne craignant plus la fraude, on a voulu, dans ce cas, maintenir le contrat intervenu entre le défunt et son succcessible en ligne directe. Je crois cependant qu'il n'y a pas de distinction à faire entre le cas où la rente viagère a pour titulaire un tiers et celui où elle a été constituée sur la tête même de l'aliénateur ; en effet, si, dans ce dernier cas, deux dangers sont à craindre : la simulation de payements au moyen de fausses quittances, et la fixation d'arrérages trop faibles eu égard à l'âge du rentier, ce dernier moyen de fraude existe encore quand il s'agit d'une rente constituée sur la tête d'une tierce personne ; il est même plus à craindre dans cette dernière hypothèse.

L'aliénation à charge de rente viagère rentre elle-même dans l'aliénation à fonds perdu ; celle-ci comprend toutes les opérations qui ont pour effet de faire sortir un bien du patrimoine d'une personne et de l'y remplacer par un droit qui doit mourir avec cette personne. Telle serait l'aliénation faite moyennant une constitution d'usufruit au profit de l'aliénateur sur l'un des biens de l'acheteur. Quant à la vente avec réserve d'usufruit, c'est la translation dans le patrimoine de l'acheteur d'une nue propriété à laquelle l'usufruit devra se réunir lors du décès du vendeur.

On a remarqué dans la pratique que ces diverses opérations servaient souvent à déguiser des libéralités. Intervenues entre le défunt et des étrangers ou même des collatéraux, la loi les tient cependant pour des aliénations sérieuses, au moins jusqu'à preuve du contraire ; mais, du moment qu'il s'agit d'un successible en ligne directe, ses soupçons l'emportent : elle n'y voit plus que des libéralités, et cela par une présomption qu'il est impossible de faire tomber.

Néanmoins, la convention intervenue entre les parties, même dans cette dernière hypothèse, était peut-être très-loyale ; il s'agissait bien d'une aliénation à titre onéreux, aucune libéralité ne se cachait sous cette aliénation. Un moyen est offert aux parties de détourner tout soupçon : elles n'ont qu'à faire intervenir les autres successibles en ligne directe et à obtenir leur consentement. Si ces successibles intéressés à contrôler l'acte le reconnaissent comme sérieux et y donnent leur adhésion, la présomption de la loi s'évanouit.

Si, parmi les successibles dont le consentement aurait dû être demandé, les uns ont été appelés, les autres laissés de côté, l'aliénation, considérée comme faite à titre onéreux à l'égard des premiers, sera réputée à titre gratuit à l'égard des derniers. Il en serait de même si, tous les successibles ayant été appelés à donner leur consentement, les uns l'avaient accordé tandis que les autres l'auraient refusé.

Mais des personnes qui n'étaient pas successibles au moment de la convention ont pu le devenir depuis; faudra-t-il considérer à leur égard l'aliénation comme faite à titre gratuit, en admettant même que le consentement de tous ceux qui se trouvaient successibles au moment de cette aliénation ait été requis et obtenu? Cette opinion est professée par un grand nombre d'auteurs ; des arrêts l'ont consacrée. Je préfère cependant la solution contraire.

Tout dépend du sens que l'on attribue au mot *successible;* s'applique-t-il à celui qui se trouve héritier au moment de l'ouverture de la succession ou à celui qui se trouve simplement héritier présomptif au jour de l'aliénation?

La présomption de l'art. 918 est très-rigoureuse, il faut l'avouer ; elle conduira souvent à annuler des actes qui ne cachaient peut-être aucune libéralité et dans lesquels les parties avaient chacune défendu leurs droits. Il ne faut donc pas étendre cette présomption, et, s'il se présente deux sens à donner à notre article, il vaut mieux le prendre dans le sens le plus étroit que dans le sens le plus large. C'est suivre, je le crois, les règles d'une saine interprétation. D'ailleurs, si l'on rejette cette opinion, à quel résultat inouï ne sera-t-on pas conduit? Le défunt et celui de ses héritiers présomptifs avec lequel il contractait ont appelé les autres successibles à donner leur consentement à l'aliénation ; ceux-ci l'ont accordé, ils ont reconnu que l'acte était sérieux ; tout ce qui était humainement possible pour faire constater la loyauté de l'acte a été observé ; la loi le reconnait elle-même, et, parce qu'il survient un nouveau successible qui n'existait pas lors de la convention, auquel on ne pensait même pas, ses soupçons vont renaître. On en arrivera à croire que les successibles existants ont participé à une fraude, qu'ils ont permis que leurs droits fussent lésés pour que cette lésion retombât plus tard sur le successible à venir qui ne viendra peut-être jamais. Quelque sérieux que puissent être les arguments présentés par l'opinion adverse, il me paraît impossible de les admettre en présence de cette considération (1).

La présomption légale de l'art. 918 ne peut être opposée par les donataires et légataires; il n'appartient d'en user qu'aux seuls héritiers en ligne directe, à la discrétion desquels la loi met le soin de décider s'ils doivent s'en servir ou la laisser de côté.

L'art. 852 dispense du rapport, comme dépenses courantes prises sur le revenu, les frais de nourriture, d'entretien, d'éducation, d'apprentissage; les frais ordinaires d'équipement, ceux de noces et présents d'usage. Les sommes sorties de la sorte du patrimoine du défunt ne devraient pas non plus être mises en lignes de compte pour le calcul de la réserve et de la portion disponible.

Ne sont pas non plus compris dans la masse les immeubles et les meubles corps certains qui ont péri par cas

---

(1) *Sic* Merlin, Rép., V° *Réserve*, sect. 3, § 3, n° 6; Grenier, II, n° 642; Toullier, V, n° 132; Coin-Delisle, art. 918, n° 20; Marcadé, art. 918, n° 6; Dalloz, ch. 3, sect. 3, art. 1er. — *Secus*, Poujol, art. 918, n° 4; Vazeille, art. 918, n° 3; Duvergier sur Toullier, V, n° 132; Vernet, p. 441.

fortuit entre les mains des donataires. Pas de difficulté sur ce point.

Une grave controverse s'élève, au contraire, quand il s'agit de donations de sommes d'argent, en supposant le donataire devenu insolvable avant le décès du disposant; je crois qu'il ne faut pas non plus les faire entrer dans la masse des biens donnés ; mais, pour éviter une répétition inutile, je me borne pour le moment à indiquer cette solution, me réservant de développer plus tard les motifs qui me l'ont fait adopter.

La masse des biens donnés une fois formée, il faut les estimer. On prend pour base de cette estimation l'état dans lequel se trouvaient les biens au jour de la donation, et la valeur qu'ils ont ou que d'après cet état ils devraient avoir à la mort du donateur, s'ils n'étaient pas sortis de son patrimoine.

Ainsi, une terre labourable a été donnée; elle valait 20,000 francs. Le donataire l'a plantée en vignes; elle vaut, par suite de cette transformation, 50,000 francs au jour du décès. Resté ce qu'il était, c'est-à-dire terre labourable, l'immeuble, bien qu'il dût y avoir augmentation dans son prix, ne vaudrait cependant que 30,000 fr. C'est à cette somme qu'il devra être évalué dans la masse des biens donnés.

Au contraire, la terre labourable, d'une valeur de 20,000 francs au jour de la donation, a été transformée par le donataire en jardin d'agrément. L'immeuble vaut encore 20,000 francs sous cette forme; mais, resté terre labourable, il vaudrait 30,000 francs. Telle est encore la somme qui devra être portée à la masse des biens donnés.

En un mot, il s'agit de reconstituer le patrimoine tel qu'il eût été si le défunt n'avait jamais rien donné. Il ne faut donc pas tenir compte des améliorations ou dégradations provenant du fait des donataires ; il faut, au contraire, et cela malgré la généralité des termes de l'art. 922, prendre en considération celles qui résulteraient d'un cas fortuit et qui se seraient produites aussi bien entre les mains du donateur qu'entre celles du donataire. Tout le monde est d'accord sur ce point.

Mais on se divise quand il s'agit de savoir si le mode d'estimation prescrit par l'art. 922 s'applique aux meubles en même temps qu'aux immeubles.

Quelques auteurs soutiennent que les immeubles seuls doivent être estimés d'après leur état au jour de la donation et leur valeur au moment de la mort ; à l'égard des meubles, ils voudraient qu'on les évaluât, d'après leur état et leur valeur au jour de la donation, comme cela se fait en matière de rapport, aux termes de l'art. 868.

Si l'on ne suit notre système, disent ces auteurs, qu'arrivera-t-il ? Les meubles donnés auront le plus souvent diminué de valeur entre le jour de la donation et celui du décès ; le réservataire en souffrira. Ce sera, au contraire, le donataire qui se trouvera lésé, si la chose, objet de la donation, a augmenté de valeur dans le même intervalle. D'ailleurs voyez, ajoute-t-on, la bizarrerie résultant du système contraire. Voilà un donataire qui est en même temps héritier ; il accepte la succession ; il y a lieu au rapport de la chose donnée, et l'estimation se fait d'après sa valeur au moment de la donation ; si, au contraire, l'héritier donataire renonce, l'estimation se fera d'après la valeur de l'objet donné au jour du décès, puisqu'il s'agit alors de réduction. Rien ne peut justifier cette différence. Aussi, notre ancienne jurisprudence n'en voulait-elle pas, et rien ne prouve que les rédacteurs du Code aient abandonné ses principes en cette matière (1).

Je ne puis admettre ce système. L'art. 922 est trop formel et l'intention du législateur manifestée trop clairement. Comme les immeubles, les meubles doivent être estimés d'après leur valeur au jour du décès et leur état au jour de la donation (2).

Veut-on se convaincre plus intimement encore de la vérité de cette opinion ? Il suffit de se reporter à la discussion à laquelle donna lieu l'art. 922 au sein du Conseil d'État. M. Tronchet soutenait la première opinion, et il s'appuyait précisément sur l'inconséquence qu'il y aurait à établir, en matière de réduction, une règle différente de celle qui avait été posée quand il s'agissait de rapport. M. Bigot-Préameneu lui répond qu'il ne faut pas confondre la réduction et le rapport, et que des règles différentes peuvent et doivent leur être appliquées. « Le donataire, ajoute-t-il, a eu le droit de disposer, d'user et d'abuser pendant toute la vie du donateur, c'est-à-dire pendant tout le temps que la donation, ne pouvant être attaquée, lui attribuait les droits d'un propriétaire incommutable, au lieu que l'héritier a su dès le principe que sa donation était sujette à rapport. »

Ainsi, l'art. 922 ne fait pas de distinction entre les meubles et les immeubles, et c'est bien ce qu'ont voulu ceux qui l'ont rédigé.

---

(1) *Sic* Grenier, II, n° 637 ; Duranton, VIII, n° 637.

(2) *Sic* Cass., 14 décembre 1830 ; Aix, 30 avril 1833 ; Toullier, V, n° 139 ; Zachariæ, Aubry et Rau, § 684 *bis* ; Marcadé, art. 922, n° 4 ; Vernet p. 452.

Toutefois j'admettrais volontiers un tempérament proposé à cette doctrine par quelques-uns de ceux-mêmes qui la soutiennent. Si la donation a eu pour objet des choses destinées à une prompte consommation ou à une vente immédiate, des denrées par exemple, on pourrait les estimer d'après leur valeur au moment de la donation. En supposant qu'il n'eût pas fait de donation, le donateur n'en aurait pas conservé davantage ces biens dans son patrimoine; leur nature s'y opposait; il les aurait aliénés, et on ne pourrait trouver dans sa fortune que le produit de cette aliénation. Appliquer l'art. 922, ce serait se mettre en contradiction avec le principe même qui a dicté sa disposition, qui est celui-ci : recomposer la fortune du défunt telle qu'elle se fût composée s'il n'eût jamais été libéral. Il est probable que cette hypothèse particulière a échappé aux prévisions du législateur; je crois donc très-juste de prendre pour bases de l'estimation des denrées et objets de consommation, leur état et leur valeur au moment de la donation (1).

Lorsque la libéralité consiste en une rente viagère ou un droit d'usufruit, l'appréciation qu'il s'agit d'en faire présente de graves difficultés. On ne peut *a priori* déterminer d'une manière certaine l'étendue de ces dispositions; elle dépend de la durée plus ou moins prolongée de la vie de l'usufruitier ou du rentier, et la durée de l'existence d'une personne est un fait essentiellement incertain.

Le législateur a prévu cette difficulté; il l'a levée dans l'art. 917 : « Si la disposition par acte entre-vifs ou

(1) *Sic* Zachariæ, Aubry et Rau, § 684 *bis*; Marcadé, art. 922, n° 4.

par testament, dit cet article, est d'un usufruit ou d'une rente viagère dont la valeur excède la quotité disponible, les héritiers au profit desquels la loi fait une réserve auront l'option ou d'exécuter cette disposition, ou de faire abandon de la propriété de la quotité disponible. » Il y a doute sur le point de savoir si la quotité disponible a été ou non dépassée; le législateur s'en remet à l'appréciation des réservataires : « Réfléchissez, leur dit-il; pensez-vous que la disposition n'excède pas la quotité disponible, alors respectez-la, laissez-la subsister telle que l'a faite le défunt; estimez-vous, au contraire, que votre réserve est entamée, dans ce cas, à la libéralité du défunt, substituez l'abandon de la quotité disponible. »

Le donataire ou le légataire n'aura à se plaindre ni dans l'une ni dans l'autre hypothèse; dans la première, la libéralité du défunt à son égard est exécutée; dans la seconde, on lui enlève, il est vrai, le bénéfice qu'il aurait retiré de l'usufruit ou de la rente viagère, mais on lui abandonne en retour la pleine propriété de tout ce dont le défunt pouvait valablement disposer à son profit.

Mais quand le droit d'option appartient-il au réservataire, et quel est le sens des mots « *dont la valeur excède la quotité disponible,* » employés par l'art. 917?

D'après Levasseur (1), il faudrait, pour donner lieu à l'option de la part des réservataires, que la valeur vénale de l'usufruit ou de la rente viagère obtenue au moyen d'une expertise dépassât la valeur de la pleine propriété de la quotité disponible.

(1) Portion disponible, n° 85.

Emettre un pareil système, c'est renverser l'art. 917; c'est aller contre le but que s'est proposé le législateur; c'est précisément exiger l'estimation qu'il a voulu éviter. Aussi l'opinion de Levasseur est-elle complètement abandonnée. C'est un autre sens qu'il faut donner aux termes de l'art. 917 ; ce sens, le voici : Il n'y a lieu à l'option des réservataires que lorsque le droit viager suppose un capital supérieur à la quotité disponible.

Soit, par exemple, une quotité disponible de 50,000 fr.; le défunt a donné ou légué l'usufruit de la totalité ou d'une portion de cette somme, ou bien une rente viagère montant à 2,000 francs ; il n'y a pas lieu à l'exercice du droit d'option ; il est évident que la réserve n'est pas entamée. Mais l'usufruit porte sur une valeur de 60 à 80,000 francs; la rente viagère s'élève à 3 ou 4,000 francs ; c'est ici que naît l'incertitude. La réserve sera-t-elle ou non entamée? Tout dépend de la durée plus ou moins longue de l'existence de l'usufruitier ou du légataire. C'est ici que les réservataires auront à choisir entre les deux partis qui leur sont offerts par l'article 917. L'usufruitier ou le rentier est-il âgé ou d'une mauvaise santé? Pensent-ils que son droit sera de courte durée, et que, bien qu'il suppose un capital plus élevé que celui de la quotité disponible, son peu de durée l'empêchera d'entamer leur réserve? Alors ils exécuteront la disposition, telle que l'a faite le défunt. L'usufruitier ou le rentier est-il, au contraire, jeune et vigoureux? Doit-il vraisemblablement profiter assez longtemps de la libéralité pour qu'elle dépasse la somme qui pouvait en faire l'objet? Les réservataires pourront alors, mais alors seulement, la remplacer par l'abandon de la quotité disponible. Tel est le sens de l'art. 917 ; tout le monde est aujourd'hui d'accord sur ce point.

Ce droit d'option accordé aux réservataires est parfaitement divisible. Les uns peuvent en user, tandis que les autres exécuteront purement et simplement la disposition faite par le défunt. L'opinion contraire a cependant été soutenue. Pour refuser aux réservataires le droit d'abandonner la pleine propriété de la quotité disponible, s'il n'y a unanimité de leur part, on s'est fondé sur les art. 1670 et 1685, qui exigent l'accord des vendeurs d'un immeuble commun ou des héritiers du vendeur, pour qu'il leur soit permis d'exercer le réméré ou d'intenter l'action en rescision pour cause de lésion. Mais y a-t-il analogie entre les deux situations, et peut-on appliquer à l'une les règles posées par la loi à l'égard de l'autre?

La loi, dans les art. 1670 et 1685, fait une exception au principe général de la division des droits actifs et passifs ; il s'agit, en effet, d'éviter à un acheteur, à un acquéreur à titre onéreux d'un immeuble, une gêne grave, tellement grave, qu'il n'aurait sans doute pas contracté s'il l'eût pu prévoir. Ici, il s'agit d'un acquéreur à titre gratuit, d'un donataire ou d'un légataire ; la loi le voit d'un œil beaucoup moins favorable. Mais est-ce là la seule différence entre les deux situations? Non ; il y en a une bien plus grande encore. C'est que la position de ce donataire ou de ce légataire n'aura, en définitive, rien de gênant pour lui. Est-il donc bien malheureux de se voir réduit à un usufruit ou à une rente viagère moins considérable, s'il reçoit d'ailleurs des biens dont il sera seul et unique propriétaire? Ainsi, il n'y a pas d'analogie entre le cas qui nous occupe et celui réglé par le Code dans les art. 1670 et 1685. Aussi s'accorde-t-on presque unanimement pour en rejeter l'application (1).

Quel que soit, du reste, le désir de la loi d'éviter, à cause de sa difficulté, l'estimation d'un usufruit ou d'une rente viagère et malgré l'art. 917, il peut cependant se présenter certains cas dans lesquels il est impossible de se soustraire à cette nécessité. En effet, l'art. 917 ne prévoit et ne pouvait prévoir que le débat engagé entre le réservataire d'une part, et les donataires et légataires de l'autre. Mais, je le suppose, la quotité disponible a été abandonnée par le réservataire, et elle ne suffit pas à l'acquittement des legs faits par le défunt; ils doivent subir une réduction proportionnelle, et il faut bien alors procéder à l'estimation de l'usufruit ou de la rente viagère. Cette nécessité se présente encore dans une autre hypothèse : une donation d'usufruit ou de rente viagère a été suivie d'une autre libéralité soit testamentaire soit entre-vifs; il s'agit de savoir si cette libéralité doit être réduite, et de déterminer le chiffre de la réduction qu'elle doit subir; on est bien obligé d'en arriver encore à l'estimation de l'usufruit ou de la rente viagère.

Cette estimation est abandonnée à la souveraine appréciation des tribunaux.

Les opérations que nous venons de passer en revue terminées, la fortune du défunt, telle qu'elle eût été s'il

---

(1) *Sic* Grenier, II, n° 638; Toullier, V, n° 143; Vazeille, art. 917, n° 7; Coin-Delisle, art. 917, n° 11; Zachariæ, Aubry et Rau, § 684 *bis*; Marcadé, art. 917, n° 11; Vernet, p. 457. — *Secus*, Duranton, VIII, n° 346.

n'avait jamais fait de libéralités, se trouve enfin connue. On calcule alors la quotité disponible et la réserve d'après le nombre et la qualité des héritiers qu'il laisse. Mais tout n'est pas encore terminé, et, pour savoir si la réserve a été entamée, il reste encore une dernière opération : il s'agit de reprendre une à une chacune des libéralités du disposant et de l'imputer, soit sur la quotitité disponible, soit sur la réserve.

SECTION III.

Imputation à faire des différentes libéralités sur la quotité disponible ou sur la réserve.

Toutes les libéralités faites à des étrangers s'imputent sur la portion disponible : c'est un point incontestable et qui n'a jamais été contesté.

Mais quand il s'agit de libéralités faites à un successible qui se trouve héritier réservataire au moment du décès, les auteurs se divisent, les controverses s'établissent, les opinions se multiplient. On crée des systèmes pour éviter tel ou tel résultat qui paraît mauvais ; on s'écarte de la vérité parce qu'elle déplaît ; en un mot, on n'applique plus la loi, on la refait. En présence d'une telle variété de systèmes dont quelques-uns sont trop séduisants peut-être, il n'y a qu'un moyen de se maintenir dans le vrai, c'est de s'attacher impitoyablement aux principes et de les suivre, à quelque conséquence qu'ils conduisent.

Sur quelle portion de la fortune du défunt doivent donc s'imputer les libéralités par lui faites à ses successibles qui se trouvent héritiers réservataires au jour du décès?

Le défunt a fait au profit de son successible une donation ou un legs avec préciput. L'imputation en devra être faite sur la portion disponible. Le disposant a en effet clairement manifesté sa volonté, il a voulu avantager l'un de ses successibles ; il n'a pu le faire qu'en lui attribuant les biens dont il pouvait disposer au détriment des autres. L'héritier préciputaire acceptera la succession et prendra son préciput et sa part dans la réserve ; c'est l'application de l'art. 919 : « La quotité disponible pourra être donnée en tout ou en partie soit par acte entre-vifs, soit par testament aux enfants ou autres successibles du donateur sans être sujette au rapport par le donataire ou légataire venant à la succession, pourvu que la disposition ait été faite expressément à titre de préciput ou hors part. La déclaration, que le don est à titre de préciput ou hors part, pourra être faite soit par l'acte qui contiendra la disposition, soit postérieurement dans la forme des dispositions entre-vifs ou testamentaires. »

Mais si la libéralité faite au réservataire l'a été sans préciput, à titre de simple avancement d'hoirie, sur quoi l'imputerons-nous ?

Supposons d'abord l'acceptation de la succession par le réservataire ainsi gratifié.

Dans un système soutenu dernièrement dans la Revue pratique de droit français (1), on voudrait que la donation s'imputât sur la réserve jusqu'à concurrence seulement de la part qu'y prend le donataire héritier réserva-

(1) Numéros des 1er, 15 mars et 1er avril 1861, article de M. Labbé.

taire, mais que pour le surplus l'imputation portât sur la quotité disponible. Deux autres systèmes imputent la donation tout entière l'un sur la quotité disponible, l'autre sur la réserve. C'est cette dernière opinion que je suivrai.

Mais, me dit-on, imputer sur la réserve la libéralité faite au successible quand des étrangers n'ont reçu de donations du défunt que postérieurement ou quand ils sont simplement légataires, c'est violer l'art. 923 ; de l'ordre chronologique des dispositions entre-vifs résulte, aux termes de cet article, leur imputation sur la quotité disponible et, s'il s'agit de donations et de legs, les donations passent les premières. La donation faite au succcssible se place dans notre hypothèse avant celles faites aux étrangers; c'est sur la quotité disponible et non sur la réserve qu'il faut imputer cette libéralité.

L'objection serait sans réponse, si la nature de la libéralité faite à un successible était la même que celle de la donation dont profite un étranger. Qu'est-ce donc que la libéralité faite à un successible? C'est un simple avancement d'hoirie. Le donateur n'a voulu donner à son successible qu'une jouissance anticipée d'une partie ou de la totalité de ce qu'il sera appelé plus tard à recueillir dans la succession ; il lui a peut-être même avancé une somme plus considérable que celle à laquelle il aura droit plus tard; mais c'était à la condition pour le successible de rapporter cette somme pour rétablir au moment du partage l'égalité entre lui et ses cohéritiers. Si telle n'était pas l'intention du disposant, s'il voulait faire au successible un avantage plus considérable, s'il voulait lui attribuer la quotité disponible elle-même outre sa part de réserve, il aurait dû à sa libéralité ajouter une clause de préciput. Il ne l'a pas fait; au contraire, les donations mêmes qu'il a faites plus tard à des étrangers prouvent manifestement la conviction où il se trouvait de n'avoir pas épuisé sa quotité disponible. Par l'acceptation que fait de la succession le réservataire donataire en avancement d'hoirie, les biens qu'il avait reçus rentrent dans la masse à partager entre les cohéritiers et forment leur réserve. La libéralité ne commencerait à porter sur le disponible que si elle dépassait la réserve, non pas celle du réservataire donataire seulement, mais celle de tous les réservataires réunis.

Mais, objecte-t-on encore, voilà alors un donataire, un légataire qui va profiter du rapport et, aux termes de l'art. 857, les cohéritiers seuls ont le droit de demander le rapport des biens donnés à leur cohéritier; eux seuls doivent en profiter. J'ai déjà eu occasion de réfuter une semblable objection : le donataire, le légataire, je le répète, ne demande pas à s'attribuer les biens soumis au rapport; il ne demande qu'une chose, qu'on exécute le legs que lui a laissé le défunt ou qu'on n'élève pas de réclamation contre la donation qu'il en a reçue; et pour cela il fait seulement remarquer à ceux des cohéritiers qui se plaindraient de n'avoir pas leur réserve, que cette réserve existe réellement, et que pour se la procurer ils n'ont qu'à demander le rapport des biens donnés sans clause de préciput à leur cohéritier.

Le don en avancement d'hoirie est une succession anticipée, tous nos anciens auteurs étaient d'accord sur ce point. C'est encore ainsi qu'il faut l'envisager. Vouloir imputer sur la quotité disponible la donation faite à l'un des successibles avant que la portion du patrimoine qui forme la succession réservée ne soit épuisée, c'est méconnaître le nature de cette donation.

Mais, si au lieu d'accepter la succession, le successible donataire renonce, il transforme alors en donation véritable ce qui n'était dans l'intention du donateur qu'un avancement d'hoirie ; et il faut bien alors imputer la libéralité sur la quotité disponible.

On se révolte contre un pareil résultat ; et, pour l'éviter, on imagine des systèmes. La jurisprudence considère le renonçant comme ayant droit à une réserve malgré sa renonciation, et elle impute la libéralité qui lui a été faite sur la part de réserve qui lui revient. Certains auteurs, tout en refusant au renonçant le droit de prétendre à une part dans la réserve, arrivent à une théorie qui se rapproche dans les résultats de celle de la Cour de cassation. Ils s'appuient sur la nature du don en avancement d'hoirie : le donataire renonçant ne retient les biens qui lui ont été donnés que jusqu'à concurrence de la quotité disponible sans pouvoir rien réclamer sur la réserve attribuée à ceux des successibles qui acceptent la succession ; mais, dans ce qu'il conserve, il n'y a pas que la quotité disponible, il y a aussi la part de réserve à laquelle il aurait eu droit s'il avait accepté ; le renonçant retient jusqu'à concurrence de la quotité disponible sans épuiser complétement cette quotité disponible ; et le défunt a pu se montrer encore libéral (1).

Enfin se présente un troisième système : la donation

(1) Duranton, t. VIII, nos 281 à 290 ; Coin-Delisle, art. 919, n° 11 ; Zachariæ, Aubry et Rau, § 682 ; Rodière, *Revue de législation*, t. II de l'année 1850, p. 360 et suiv.

faite au successible, dit-on dans ce système, s'impute sur la portion disponible, mais elle passe après toutes les libéralités faites à des étrangers, quelle que soit leur date. La renonciation du donataire en avancement d'hoirie devrait en principe le dépouiller de tout droit aux biens donnés ; si, par faveur l'art. 845 lui permet de les garder en transformant en titre de donataire son titre d'héritier, il indique que le don qui avait comme avancement d'hoirie la date du jour où il a été fait, n'a comme don ordinaire que la date du jour où il devient tel, c'est-à-dire la date de la renonciation. Or, c'est par ordre de dates que les libéralités s'imputent sur le disponible ; celles qui ne trouvent plus de biens sur lesquels elles puissent porter doivent être réduites. C'est donc par l'avancement d'hoirie que la réduction doit commencer (1).

Voilà trois systèmes : le premier a été déjà réfuté ; nous avons vu plus haut que pour avoir droit à la réserve, il faut avant tout justifier de la qualité d'héritier. Le second repousse l'opinion de la Cour de cassation lorsque le défunt n'a pas fait d'autres libéralités que celle qui s'adresse au successible ; il admet au contraire cette opinion lorsque les donations s'adressent à la fois au successible et à des étrangers. Enfin le troisième système est certainement fort ingénieux, mais est-il plus solide que les autres ? Non ; un successible qui renonce ne se rend pas seulement étranger à la succession au moment de sa renonciation ; il est, aux termes de l'art. 785, considéré *comme n'ayant jamais été héritier*.

J'avais raison de le dire, pour éviter un résultat qui

(1) Marcadé, art. 919.

paraît mauvais et qui l'est en effet, on s'est écarté des vrais principes.

Le donataire en avancement d'hoirie peut par sa renonciation faire tomber contrairement à la volonté du défunt, les libéralités postérieures à la sienne. C'est un mal, il existe ; ne vaut-il pas mieux le reconnaître et le signaler? Plutôt que d'essayer de le rassurer sur les conséquences qui peuvent résulter de sa libéralité à l'égard de l'un de ses successibles, ne vaut-il pas mieux dire au donateur : « Faites attention, vous n'avez qu'un moyen de rester maître de votre quotité disponible ; si vous faites une donation à l'un de vos successibles, stipulez formellement sa résolution en cas de renonciation du donataire à votre succession ? »

En résumé, on impute sur la réserve tous les biens donnés ou légués sans dispense de rapport à un héritier acceptant ; on impute au contraire sur la quotité disponible : 1° tous les biens donnés ou légués à des étrangers ; 2° tous les biens donnés ou légués à des successibles renonçants ; 3° tous les biens donnés ou légués avec dispense de rapport à l'un des successibles qui acceptent la succession.

Si la quotité disponible se trouve dépassée, il y a lieu à l'action en réduction.

CHAPITRE II.

DE L'ACTION EN RÉDUCTION.

SECTION PREMIÈRE.

A qui appartient l'action en réduction.

« La réduction des dispositions entre-vifs, dit l'art. 921, ne pourra être demandée que par ceux au profit desquels la loi fait la réserve, par leurs héritiers ou ayants cause; les donataires, les légataires ni les créanciers du défunt ne pourront demander cette réduction ni en profiter. »

Ainsi, l'action en réduction appartient en première ligne aux héritiers réservataires; c'est la sanction de la réserve.

Pour prétendre à l'action en réduction, il faut être héritier; mais c'est un droit que l'héritier tient de la loi et non du défunt. Celui-ci était en effet obligé de respecter les donations par lui faites quand même elles dépassaient la quotité disponible.

L'action en réduction appartient également aux héritiers du réservataire; une fois née dans sa personne, le réservataire la transmet à ses héritiers comme les autres droits qui font partie de sa succession.

Enfin, elle appartient aux ayants cause du réservataire. Quelles personnes la loi désigne-t-elle par cette expression? Ce sont d'abord les créanciers du réservataire; l'art. 921 ne fait que consacrer à l'avance le principe que le Code posera plus loin dans l'art. 1166. Ce sont aussi ceux au profit desquels le réservataire aurait consenti une cession de son droit, cession à titre gratuit ou à titre onéreux, peu importe. Mais, c'est un point hors de doute, ces créanciers, ces cessionnaires ne pourront agir que comme le réservataire aurait pu le faire lui-même.

Les donataires et les légataires du défunt ne peuvent demander la réduction ni en profiter. En effet, comme fait très-bien remarquer Pothier : « On peut dire que les choses retranchées ne sont pas de la succession, puisque le donateur s'en était dessaisi de son vivant; qu'encore bien que le droit qu'a l'héritier d'obtenir ce retranchements soit attaché à sa qualité d'héritier, néanmoins ce n'est pas un droit qu'il tienne du défunt et auquel il ait succédé au défunt, puisque le défunt ne l'a jamais eu; il ne le tient donc pas du défunt ni de la succession mais de la loi. Ces choses retranchées ne font donc pas partie de la succession (1). »

Mais si les créanciers du défunt ne peuvent en cette seule qualité ni demander la réduction ni en profiter, il leur est parfaitement permis, en supposant de la part de l'héritier réservataire une acceptation pure et simple, de se présenter non plus comme créanciers de la succession, mais comme créanciers de l'héritier; ils peuvent alors exercer au nom de leur débiteur, conformément à l'article 1166, tous les droits qui lui compètent, et par conséquent le droit de réduction; ils peuvent aussi se faire payer sur les biens que l'héritier, leur débiteur, aurait

(1) *Traité des donations entre-vifs*, sect. 3, art. 6, § 3, *in fine*.

obtenus lui-même par l'effet de la réduction, puisque tous les biens d'un débiteur, sans la moindre distinction, forment, aux termes de l'art. 2093, le gage de ses créanciers.

La prohibition pour les créanciers du défunt de demander la réduction et d'en profiter, ne s'applique donc réellement que dans le cas où il ne s'opère pas confusion des deux fortunes du défunt et de l'héritier, c'est-à-dire lorsque l'héritier a accepté sous bénéfice d'inventaire ou bien encore lorsque les créanciers de la succession ont fait prononcer la séparation des patrimoines (1).

L'art. 921, en désignant les personnes contre lesquelles il accorde l'action en réduction, ne parle que des donataires entre-vifs. Les dispositions à titre gratuit contenues dans un testament sont-elles donc à l'abri de cette action ? Évidemment non. Les legs comme les donations sont soumis à la réduction chaque fois que la réserve a été entamée ; cela résulte de la rubrique de la section du Code qui nous occupe, du texte formel de l'art. 920 et des règles contenues dans la section tout entière. Mais si, à l'égard des réservataires et en ce qui touche leur droit de réduction, les donations et les legs devaient être mis sur la même ligne, il était important de distinguer entre ces deux sortes de dispositions vis-à-vis des créanciers, et c'est là ce qui explique et justifie la rédaction de l'art. 921.

Les créanciers du défunt n'ont aucune réclamation à élever contre les donations faites par celui-ci. En effet, de deux choses l'une : ou leur droit est postérieur à ces libéralités ou il leur est antérieur. Dans le premier cas,

---

(1) *Sic* Bugnet sur Pothier, t. VIII, p. 133.

au moment même où ils ont contracté avec celui qui est devenu leur débiteur, les biens, objets des donations, étaient déjà sortis de son patrimoine ; dans le second cas, le débiteur restait libre de disposer de ses biens comme il le voulait, pourvu que l'aliénation ne fût pas faite en fraude de ses créanciers ; en dehors de cette hypothèse, ceux-ci n'ont pas à se plaindre de l'emploi qu'a fait leur débiteur de ses biens. Toute aliénation faite à titre gratuit par un débiteur n'est pas regardée par la loi comme frauduleuse à l'égard des créanciers ; le débiteur est peut-être dans les meilleures intentions à leur égard, mais il compte peut-être seulement un peu trop sur l'avenir et sur son travail pour s'acquitter. D'ailleurs, la loi ne peut pas veiller de telle sorte sur les intérêts des créanciers qu'ils n'aient plus qu'à s'endormir dans une sécurité dont rien ne pourrait plus les troubler ; c'était à eux, en définitive, de se montrer plus vigilants ; ils n'avaient qu'à exiger des sûretés particulières, comme un gage ou une hypothèque. Mais, quand il s'agit de dispositions testamentaires, il n'en est plus de même ; tout homme, avant de faire son testament, doit se rendre un compte exact de sa position, et il ne peut se montrer généreux qu'autant qu'il ne laisse pas derrière lui un passif plus considérable que son actif ; *nemo liberalis, nisi liberatus*, disait le droit romain ; *non sunt bona nisi deducto œre alieno;* ces principes ont passé dans notre droit français. La première réduction à faire subir aux legs sera donc celle que les créanciers ont droit de réclamer, celle dont ils peuvent profiter.

C'est là la raison du silence de l'art. 921 à l'égard des libéralités testamentaires.

Une dernière remarque sur cet article : nous l'avons

vu dans ses derniers mots défendre aux donataires et aux légataires, comme il le défendait aux créanciers, de demander la réduction et d'en profiter. Il ne faut pas donner un sens trop étendu à ces mots, sous peine de tomber dans l'impossible. Tout ce qu'ils veulent dire, c'est qu'un donataire, un légataire, ne peut demander directement la réduction contre un autre donataire ou un autre légataire, qu'il ne peut élever la prétention de profiter directement de la réduction. Mais, pour repousser une action en réduction dirigée contre lui et qu'il prétend trop forte, un légataire peut très-bien renvoyer l'héritier à un autre légataire que celui-ci aurait laissé de côté. Un donataire à l'action en réduction intentée contre lui peut parfaitement répondre que ce n'est pas lui, mais bien tel autre donataire que cette réduction doit atteindre. Il est dans son droit et n'en sort pas, quand il soutient que le défunt, en se montrant libéral à son égard, est resté dans les limites de la quotité disponible, et que, s'il y a eu atteinte portée à la réserve, elle résulte d'une donation postérieure. En pareil cas, ce légataire, ce donataire, ne demande pas la réduction, il ne veut pas en profiter: il se borne à défendre ce qu'il a reçu, il prétend seulement conserver intacte la portion des biens du défunt dont celui-ci avait pu disposer sans entamer la réserve. C'est un droit incontestable ; je le répète, l'art. 921 dit simplement qu'un donataire, un légataire ne pourra directement demander la réduction et en profiter. D'ailleurs, l'article ne l'eût pas dit, que ce n'en eût pas moins été tout à fait évident.

SECTION II.

Dans quel ordre s'exerce l'action en réduction.

Un principe domine toute cette matière : la réduction ne doit pas frapper sans discernement sur les différentes libéralités faites par le défunt; celles-là seulement doivent être réduites, qui ont entamé la réserve ; celles au contraire qui se trouvaient encore dans les limites de la quotité disponible doivent être respectées. Lisons l'article 923 : « Il n'y aura jamais lieu à réduire les donations entre-vifs qu'après avoir épuisé la valeur de tous les biens compris dans les dispositions testamentaires; et, lorsqu'il y aura lieu à cette réduction, elle se fera en commençant par la dernière donation, et ainsi de suite en remontant des dernières aux plus anciennes.

De toutes les libéralités du défunt, les plus récentes sont les legs; ils ont tous pour date le jour du décès, quand bien même ils se trouveraient contenus dans plusieurs testaments. C'est donc par les legs que va commencer la réduction.

« Lorsque les dispositions testamentaires, dit l'art. 926, excéderont soit la quotité disponible, soit la portion de cette quotité qui resterait après avoir déduit la valeur des donations entre-vifs, la réduction sera faite au marc le franc sans aucune distinction entre les legs universels et les legs particuliers. »

Tel n'était pas le système de notre ancienne jurisprudence. Se fondant sur l'intention présumée du testateur, elle s'adressait d'abord aux legs universels pour fournir aux enfants leur légitime, et c'était seulement en cas d'insuffisance des sommes ainsi obtenues qu'elle s'attaquait aux legs particuliers. Le projet du Code reproduisait ce système ; admis d'abord par le Conseil d'Etat, il fut rejeté lors de la rédaction définitive sans que les procès-verbaux nous indiquent les motifs de ce changement. Ainsi, aujourd'hui, pas de préférence présumée du testateur pour tel ou tel legs ; si cette préférence existe réellement, qu'il s'en explique ; l'art. 927 lui en laisse la faculté. S'il témoigne la volonté que la réduction n'atteigne tel legs qu'après tous les autres, sa volonté sera respectée ; mais il doit la faire connaître d'une façon expresse par une déclaration formelle.

Réclamer, comme l'ont fait quelques auteurs, la bienveillance de la loi, l'un pour les legs sous forme de restitutions, l'autre pour les legs rémunératoires, un autre encore pour les legs pieux ou pour les legs de corps certains, ou bien encore pour ceux faits par le testateur dans des termes affectueux, c'est se lancer dans l'arbitraire le plus complet et faire jaillir une source intarissable de procès. D'ailleurs, le texte de l'art. 927 me paraît bien formel : « Néanmoins, dans tous les cas où le testateur aura *expressément* déclaré qu'il *entend* que tel legs soit acquitté de préférence aux autres, cette préférence aura lieu, et le legs qui en sera l'objet ne sera réduit qu'autant que la valeur des autres ne remplirait pas la réserve légale. »

C'est au marc le franc que la réduction doit atteindre les legs ; il faudra donc déterminer la somme que chaque légataire aurait retirée de la libéralité du défunt en l'absence d'héritiers réservataires ; cette opération faite, on déduira proportionnellement de chaque legs la somme nécessaire à la formation ou au complément de la réserve.

Si les legs dépassaient la valeur du patrimoine du testateur, il faudrait commencer par les faire rentrer dans la limite des biens laissés par le défunt avant de leur faire subir la réduction. Ainsi, un homme qui a 100,000 francs de fortune et trois enfants, fait par testament des libéralités pour une somme de 150,000 francs. Il faut d'abord ramener les legs à la somme de 100,000 francs, que ne pouvait dépasser le testateur, quand même il n'aurait pas laissé d'héritiers réservataires. Cette première opération faite, il faudra réduire les legs des trois quarts, puisque le défunt laisse trois enfants et qu'il n'a pu, par conséquent, disposer que d'un quart de sa fortune.

Aux termes de l'art. 926, nous l'avons vu, la réduction frappe indistinctement tous les legs, qu'ils soient universels ou à titre particulier. Sauf le cas prévu par l'art. 927, où la préférence du testateur aurait porté sur les legs particuliers pour les soustraire à la réduction, sauf le cas encore où, après avoir fait un legs universel, il aurait cependant épuisé sa fortune en dispositions particulières mises à la charge du légataire universel, celui-ci sera toujours sûr de retirer un profit quelconque de la libéralité dont il a été l'objet, si la réserve laisse subsister une fraction, si petite qu'elle puisse être, des dispositions testamentaires.

Cependant, cette idée admise, l'art. 1009 paraît, au premier abord, impossible à comprendre. Cet article est ainsi conçu : « Le légataire universel qui sera en concours avec un héritier auquel la loi réserve une quotité des biens sera tenu des dettes et charges de la succession du testateur, personnellement pour sa part et portion, et hypothécairement pour le tout, et il sera tenu d'acquitter tous les legs, sauf le cas de réduction, ainsi qu'il est expliqué aux articles 926 et 927. »

C'est la fin de l'article qui donne lieu à la difficulté. Le légataire, nous dit-il, sera tenu d'acquitter tous les legs, sauf le cas de réduction. Mais, en présence d'un héritier réservataire, le légataire universel sera toujours soumis à la réduction, il ne sera donc jamais tenu d'acquitter tous les legs; l'exception est aussi large que la règle ; il y a donc contradiction manifeste dans la disposition de l'art. 1009.

Cependant, la contradiction n'est qu'apparente.

En effet, disent les partisans d'un premier système, il est possible de trouver une hypothèse dans laquelle le légataire universel ne subit pas de réduction et se trouve, par conséquent, obligé d'acquitter les legs particuliers dans leur intégralité. Il n'y a pas comme légataire universel que celui auquel le testateur lègue tous ses biens; celui auquel il aurait attribué, non pas tous ses biens, mais sa quotité disponible, est aussi un légataire universel : en effet, l'attribution de la quotité disponible donne à celui au profit duquel elle est faite par le testament vocation éventuelle à la totalité du patrimoine du défunt; le patrimoine peut devenir disponible tout entier, en supposant le prédécès, la renonciation ou l'indignité des héritiers réservataires. Ainsi, le legs de la quotité disponible est un legs universel. D'un autre côté, en présence même d'héritiers réservataires, le légataire de la quotité disponible ne souffre pas de réduction; il obtient tout ce qui lui a été légué, quand même il existe une réserve, puisqu'il n'était appelé à recueillir que les biens disponibles; il est donc tenu d'acquitter les legs dans leur intégralité, sans pouvoir invoquer le principe de la réduction proportionnelle. Voilà, disent les partisans de cette explication, une hypothèse dans laquelle il y a lieu à l'application de l'art. 1009 en dehors des cas prévus par les art. 926 et 927. Il n'y a donc pas d'antinomie (1).

C'est aussi la conséquence à laquelle arrive un second système, proposé pour l'explication de l'article 1009; mais sa manière de procéder est beaucoup plus simple, beaucoup plus naturelle et me paraît, par conséquent, préférable.

A quoi bon se jeter à la recherche d'une hypothèse toute spéciale dans laquelle pourrait bien se trouver l'application de l'art. 1009? A quoi bon remuer la théorie des legs tout entière pour trouver que le legs de la quotité disponible est un legs universel, et que cependant celui qui en profite est tenu d'acquitter tous les legs qu'a pu faire le testateur, sans leur faire subir de réduction? Pour expliquer l'art. 1009, il suffit de se rendre compte du sens des mots qu'il emploie. L'art. 1009 règle le payement des dettes et des legs lorsqu'un légataire universel se trouve en présence d'un héritier réservataire. Les dettes doivent être supportées par la succession tout entière; l'héritier réservataire et le légataire universel contribueront donc à leur acquittement proportionnellement au profit que chacun d'eux tire de la succession. Quant aux legs, ils ne portent plus sur la succession tout en-

(1) *Sic* Duranton, VIII, n° 364; Marcadé, art. 926, n° 3; Vernet, p. 475.

tière; ils ne peuvent être pris que sur le disponible; le légataire universel est appelé à recueillir tout ce disponible, c'est lui qui devra acquitter les legs; il ne peut plus être question de participation de l'héritier réservataire au payement des legs; le légataire universel payera tous ces legs. Voilà ce que dit l'art. 1009, et rien de plus. Le mot « *tous* » qu'il emploie signifie seulement les legs, quel que soit leur nombre; donner au mot « *tous* » le sens d'*intégralement*, dire que le légataire universel devra payer, non pas tous les legs, mais les legs en entier, c'est faire régler par l'art. 1009 une question dont il ne s'occupe pas, une question pour la solution de laquelle il prend lui-même le soin de nous renvoyer aux art. 926 et 927 (1).

Pour moi, cette manière de concilier les art. 1009, 926 et 927, me satisfait complétement; ce second système m'a toujours paru avoir sur le premier une supériorité incontestable, celle de ne pas se mettre en quête d'une hypothèse unique et spéciale dont la prévision par les rédacteurs du Code est quelque peu problématique.

Lorsque la masse des biens existants au décès n'est pas suffisante pour remplir les réservataires de leurs droits, les legs, s'il en a été fait, disparaissent complétement. C'est alors sur les donations entre-vifs que va s'exercer la réduction.

En tête de cette section, nous avons posé un principe d'équité : la réduction, avons-nous dit, ne doit frapper que sur celles des libéralités qui, sortant des limites de la quotité disponible, ont empiété sur la réserve; c'est

(1) *Sic* M. Bugnet.

conformément à ce principe que nous avons vu toutes les libéralités testamentaires qui naissent au même moment subir une réduction proportionnelle et tomber avant les donations entre-vifs; la disposition de l'art. 923, en ce qui touche la réduction des donations entre-vifs, n'est encore qu'une application de cette idée. La réduction frappe les donations en suivant l'ordre de leurs dates; des plus récentes, elle remonte graduellement aux plus anciennes, jusqu'à ce que le chiffre de la réserve soit atteint. Du reste, l'équité seule n'exigeait pas que l'on suivît cette marche; la règle de l'irrévocabilité des donations entre-vifs s'opposait d'ailleurs à l'admission à leur égard de la réduction proportionnelle admise pour les legs; tout donataire aurait pu, par des libéralités postérieures, révoquer jusqu'à une fraction de plus en plus petite les donations par lui faites antérieurement.

La date de toute donation est constatée d'une manière certaine et authentique; la règle posée par l'art. 923 ne présentera donc pas d'ordinaire de difficulté dans son application. Mais il se peut que deux donations aient été faites et acceptées le même jour sans que rien constate la priorité de l'une sur l'autre. Il faudra bien alors les soumettre à une réduction proportionnelle au marc le franc; tout le monde est d'accord sur ce point. Il suffirait du reste, pour s'en tenir à la règle de l'art. 923, que sur chacune des donations se trouvât la mention de l'heure à laquelle elle aurait été faite (1).

Si la donation n'avait pas été acceptée par le donataire

(1) *Sic* Duranton, VIII, nos 352 et 354; Poujol, art. 923, no 3; Coin-Delisle, art. 923, no 4.

au moment même où l'offre lui en était faite par le donateur, c'est à la date de la signification de l'acceptation qu'il faudrait se reporter.

Le donataire contre lequel est exercée l'action en réduction peut être insolvable ; qui va supporter cette insolvabilité? C'est une question des plus controversées.

Un premier système fait supporter par le réservataire l'insolvabilité du donataire sujet à la réduction. La réduction, disent les partisans de ce système, ne peut porter que sur les libéralités qui ont entamé la réserve ; ne pas mettre à la charge du réservataire l'insolvabilité du donataire réductible, vouloir lui permettre de recourir contre le donataire précédent, c'est réduire une libéralité qui n'avait cependant été prise que sur le disponible. Il y a pour ce donataire droit acquis et irrévocable. L'héritier combat pour faire un gain, le donataire pour éviter une perte ; il n'y a pas à hésiter entre eux (1).

Un second système fait retomber sur le donataire précédent la perte résultant de l'insolvabilité du donataire réductible. Une fois le chiffre de sa réserve fixé, dit-on, l'héritier a le droit d'aller la prendre sur tous les biens formant la masse réelle ou fictive de la succession. D'ailleurs, il combat pour éviter une perte ; le donataire, au contraire, combat pour faire un gain ; il n'y a pas à hésiter entre eux (2).

Il suffit, ce me semble, de rapprocher ces deux sys-

---

(1) *Sic* Lemaître, *Cout. de Paris*, tit. 14, ch. 1er, 2e partie, p. 450; Mourlon, *Répétit. écrites sur le Code Nap.*, 2e examen, p. 273 et 274.

(2) *Sic* Lebrun, *Successions*, l. 2, ch. 3, section 8, n° 25; Merlin, *Rep.*, *v.* légitime, sect. 8, § 2, n° 22; Grenier, n° 632; Toullier, v, n° 137; Vazeille, art. 923, n° 19; Poujol, art. 923, n° 12.

tèmes pour prouver qu'ils sont faux l'un et l'autre; ils poussent jusqu'à l'exagération chacun de leur côté une idée vraie; ce n'est donc ni dans le premier ni dans le second, mais bien entre ces deux systèmes que se trouve la véritable solution à donner à la question.

Pour l'héritier et pour le donataire, il s'agit de faire un gain; la donation et la succession sont deux causes d'acquisition à titre gratuit. D'un autre côté, si le droit qu'avait le défunt d'employer à son gré la portion disponible de ses biens est respectable, le droit pour le réservataire de ne pas voir réduite à une simple illusion la protection de la loi à son égard n'est pas moins respectable. Il ne doit donc pas y avoir perte pour l'un ou pour l'autre, mais bien pour tous les deux. Les biens qui faisaient l'objet de la libéralité faite au donataire insolvable seront regardés comme dissipés par le donateur lui-même. On ne les comprendra pas dans la masse sur laquelle doit se faire le calcul de la portion disponible et de la réserve (1).

Au point de vue de la réduction, les institutions contractuelles doivent être mises sur la même ligne que les donations entre-vifs ordinaires; en effet, si le donateur peut en paralyser l'effet par les dispositions à titre onéreux qu'il ferait ultérieurement des biens qui y sont compris, le donataire n'en est pas moins saisi d'une manière irrévocable, en ce sens qu'il ne peut être privé du bénéfice

---

(1) *Sic* Pothier, *Cout. d'Orléans*, introduction au titre 15, n° 83; et *Donations entre-vifs*, sect. 3, art. 5, § 5; Maleville, art. 930; Levasseur, n^s 113 et 114; Delvincourt, II, p. 437; Coin-Delisle, art. 923, n° 11; Marcadé, art. 923, n° 3.

de son institution par des libéralités postérieures : tout le monde est d'accord sur ce point.

Au contraire, les auteurs se divisent quand il s'agit de donations faites pendant le mariage par l'un des époux à son conjoint.

Les donations faites entre époux pendant le mariage, dit-on, dans un premier système, sont essentiellement révocables. On ne doit donc pas, pour les soumettre à la réduction, s'attacher à l'ordre des dates; elles doivent être réduites avant les donations entre-vifs irrévocables, quand même celles-ci leur seraient postérieures. Le donateur, en faisant ces donations, a révoqué implicitement sa libéralité à l'égard de son conjoint pour tout ce qui devenait nécessaire à l'existence de la réserve (1).

Ce système ne me paraît pas admissible. On soutient que la révocation existe virtuellement par le seul fait pour le *de cujus* d'avoir épuisé sa quotité disponible en libéralités postérieures. C'est imaginer une présomption de révocation que la loi n'a nulle part consacrée. Il est possible d'expliquer les libéralités du défunt de toute autre façon; il a pu se croire plus riche qu'il ne l'était réellement; ce sont peut-être des revers de fortune en dehors même de ses prévisions qui sont venus diminuer son patrimoine après les donations par lui faites; enfin, il avait peut-être une intention tout autre que celle que lui suppose le système adverse; il entendait que les libéralités qu'il faisait ne demeureraient intactes que si elles ne dépassaient pas sa quotité disponible telle qu'elle se comportait après la donation dont son conjoint avait été

(1) *Sic* Duranton, VIII, n° 357; Poujol, art. 923, n° 6.

l'objet; je le répète, rien ne prouve l'intention de révoquer chez le disposant.

Mais admettons cette intention pour un moment, et voyons où nous allons arriver. On assimile les donations entre époux aux legs; mais si l'intention de révoquer est constante, comme on le prétend, il ne faut même pas faire cette assimilation. La libéralité entre époux ne peut s'effacer devant les donations pour subsister devant les dispositions testamentaires; s'il y a révocation, cette libéralité n'existe plus; elle disparaît complétement. C'est à cette conséquence qu'il faut arriver si l'on admet le point de départ du premier système.

Veut-on maintenant se contenter d'assimiler aux dispositions testamentaires les libéralités entre époux, non pas parce qu'elles ont été révoquées par les donations faites postérieurement, mais parce qu'elles sont révocables comme le serait un legs? Je réponds que cette assimilation est impossible : le testament est l'œuvre d'une volonté unique et indépendante, dont tous les effets sont ajournés au décès de son auteur; au contraire, la donation faite pendant le mariage, tout en perdant un des caractères essentiels des donations, l'irrévocabilité, n'en produit pas moins l'effet actuel du dessaisissement du donateur au profit du donataire.

Disons donc que les donations entre époux, comme celles faites à des étrangers, ne seront soumises à la réduction qu'à l'ordre de leurs dates (1).

---

(1) *Sic* Levasseur, n° 115; Coin-Delisle, art. 923, n° 6; Marcadé, art. 923, n° 1; Zachariæ, Aubry et Rau, § 685.

SECTION II.

Comment s'opère la réduction et contre quelles personnes l'action en réduction peut-elle être intentée?

La réserve, nous l'avons déjà dit plus d'une fois, est une partie de la succession *ab intestat* dont le défunt n'a pu par ses libéralités dépouiller ses héritiers ; c'est donc en nature, *ex substantia patris*, selon l'expression romaine, qu'elle doit appartenir aux héritiers protégés par la loi ; ceux-ci doivent être remis dans la position où ils se trouveraient si le défunt n'avait pas fait de libéralités excessives ; c'est en nature et non par équivalents que s'effectue la réduction. Tel est le principe. Cependant une dérogation y est apportée par l'art. 924 : « Si la donation entre-vifs réductible a été faite à l'un des successibles, il pourra retenir sur les biens donnés la valeur de la portion qui lui appartiendrait, comme héritier, dans les biens non disponibles, s'ils sont de la même nature. »

Il s'agit, bien entendu, d'une donation faite par préciput et excédant la quotité disponible ; mais l'art. 866 parle déjà d'une semblable donation : « Lorsque le don d'un immeuble fait à un successible avec dispense du rapport excède la portion disponible, le rapport de l'excédant se fait en nature, si le retranchement de cet excédant peut s'opérer commodément. Dans le cas contraire, si l'excédant est de plus de moitié de la valeur de l'immeuble, le donataire doit rapporter l'immeuble en totalité, sauf à prélever sur la masse la valeur de la portion disponible; si cette portion excède la moitié de la valeur de l'immeuble, le donataire peut retenir l'immeuble en totalité, sauf à moins prendre et à récompenser ses cohéritiers en argent ou autrement. »

On se demande, après avoir lu cet article, quelle est l'hypothèse prévue par l'art. 924; la décision qu'il donne diffère de celle de l'art. 866; le cas qu'il règle doit être aussi distinct de celui réglé par l'art. 866, sous peine de contradiction dans la loi. En effet, l'art. 924 n'est applicable que dans le cas où il se trouve dans la succession des immeubles de même nature que celui qui a fait l'objet de la donation par préciput; le successible donataire est alors autorisé à conserver sur l'immeuble non-seulement la portion qui ne tombe pas sous le coup de la réduction, mais encore une valeur correspondante à celle qu'il aurait droit de réclamer comme héritier dans les autres biens de la succession, et cela sans s'inquiéter du point de savoir si l'immeuble peut être ou non commodément partagé, sans qu'il soit nécessaire de se demander si la portion revenant au successible, en vertu de la donation et en vertu de son droit à la succession, est ou non supérieure à la moitié de la valeur totale du bien donné. Si, au contraire, il ne se trouve pas dans la succession de biens de même nature que celui qui a fait l'objet de la donation, on rentre alors dans la règle posée par l'art. 866; pour que le successible donataire conserve l'immeuble en totalité, deux choses sont nécessaires : l'immeuble doit être impartageable, et la portion que la réduction laisse entre les mains du successible donataire doit excéder la moitié de la valeur totale de l'immeuble (1).

Pour faire entrer les biens donnés dans la masse sur laquelle doivent se calculer la réserve et la portion disponible, on prend en considération leur état au moment de la donation et leur valeur au moment du décès ; cependant, s'il y a eu des améliorations faites par le donataire, il doit lui en être tenu compte par les réservataires ; de son côté, le donataire est responsable des dégradations qu'il aurait commises. Il serait également injuste que l'héritier s'enrichît aux dépens du donataire ou que le donataire pût impunément léser l'héritier dans ses droits. Les améliorations et les dégradations seront donc l'objet d'un compte à régler entre eux.

S'agit-il d'améliorations ? Si la réduction enlève au donataire la totalité des biens qu'il avait reçus, il aura droit à une indemnité égale à la plus value résultant des travaux faits par lui. Il doit être considéré comme un possesseur de bonne foi. Tout le monde, il est vrai, n'adopte pas cette opinion. Il est des auteurs qui se refusent à considérer le donataire réduit comme un possesseur de bonne foi ; il devait s'attendre, nous dit-on, à une réduction éventuelle ; il savait n'avoir entre les mains qu'une propriété résoluble ; en conséquence, l'héritier à réserve aura le droit ou de l'obliger à enlever les travaux qu'il a faits sans indemnité, ou de conserver ces ouvrages en remboursant la valeur des matériaux et le prix de la main-d'œuvre, sans s'inquiéter de la plus value.

---

(1) *Sic* Bugnet sur Pothier, t. I, p. 376 ; Demante, II, p. 147.

Je ne puis admettre cette doctrine, trop rigoureuse à mon avis. Sans doute le donataire se savait sous le coup d'une réduction éventuelle, mais il n'en était pas moins propriétaire en vertu d'un titre public et authentique. D'ailleurs, admettre l'opinion de nos adversaires, ce serait mettre la loi en contradiction avec elle-même. Lisons l'art. 928 : « Le donataire restituera les fruits de ce qui excédera la portion disponible, à compter du jour du décès du donateur, si la demande en réduction a été faite dans l'année, sinon, du jour de la demande. » Que résulte-t-il de cet article ? Si la demande en réduction n'a pas été faite dans l'année qui suit le décès, le donataire, autorisé à conserver les fruits jusqu'au jour de cette demande, est considéré comme un possesseur de bonne foi ; et cependant, dirons-nous à nos adversaires, le donataire savait qu'il était sous le coup de la réduction ; toute illusion de sa part est plus impardonnable dès la mort du donateur que pendant le cours de l'existence de celui-ci ; le donataire pouvait se renseigner positivement sur l'état de sa fortune, sur le nombre et la qualité de ses héritiers réservataires, et cependant la loi considère son inaction comme pardonnable, elle le traite en possesseur de bonne foi dès qu'une année s'est écoulée sans qu'il ait été inquiété. S'il en est ainsi après la mort du donateur, il en est à plus forte raison de même de son vivant, et c'est avec juste motif que nous traitons le donataire comme possesseur de bonne foi, en exigeant que l'héritier lui tienne compte de la plus value que les dépenses par lui faites auraient causée aux biens donnés dans l'invervalle de la donation au décès du disposant.

Si la réduction n'est que partielle, l'héritier tiendra

compte au donataire de ses améliorations sans bourse délier; seulement, il prendra des biens améliorés une part moins forte que celle qui lui serait revenue au moyen de la réduction dans les biens restés dans leur état primitif. Le donataire, de son côté, ne sera pas lésé; il trouvera dans l'abandon qui lui est fait la récompense de ses améliorations. Ainsi, je suppose un bien qui vaudrait au décès 50,000 fr. d'après son état au moment de la donation; les changements qu'y a faits le donataire ont élevé sa valeur à 75,000 fr. La libéralité entamait la réserve de 25,000 fr.; c'est cette somme que doit retrouver le réservataire, au moyen de la réduction. La moitié de l'immeuble aurait représenté cette somme dans l'état où il était au moment de la donation; le tiers suffira depuis les changements faits par le donataire.

S'agit-il non plus d'améliorations mais de dégradations, nous appliquerons la même manière de procéder. La valeur actuelle de l'immeuble dégradé suffit exactement pour remplir la réserve; le réservataire le prendra en totalité. Il ne reste rien au donataire qui supporte ainsi ses dégradations, puisque sans elles il lui serait au moins resté quelque chose. La valeur de l'immeuble est plus que suffisante pour remplir le réservataire de ses droits; il en prend une portion jusqu'à concurrence de la somme à laquelle s'élève la réserve, et le donataire supporte encore les conséquences du dépérissement résultant de son fait, puisqu'à supposer l'immeuble non dégradé il en aurait conservé une portion plus importante. Enfin, la valeur actuelle ne suffit même pas à la réserve de l'héritier; celui-ci prend l'immeuble en totalité, sauf son recours contre le donataire pour la différence qui existe entre la valeur actuelle et celle qu'aurait eue le bien au jour du décès s'il n'avait pas été dégradé.

Telle est la manière dont s'opère la réduction lorsqu'au jour où les réservataires la demandent, les biens donnés se trouvent encore entre les mains du donataire. Mais celui-ci a pu les aliéner ou les grever de droits réels ; que va-t-il se passer dans ce cas ?

La réduction opère une résolution du droit qu'avait le donataire sur les biens qu'elle lui enlève. Si donc il avait consenti sur les biens donnés des hypothèques ou des servitudes, ces droits réels disparaissent ; *resoluto jure dantis, resolvitur jus accipientis.* Les biens par l'exercice de l'action en réduction rentrent dans le patrimoine de la succession libres et francs de toutes charges créées par le donataire (art. 929).

En sera-t-il de même s'il s'agit d'une aliénation complète ? En principe, l'action en réduction peut s'exercer contre les tiers acquéreurs ; l'art. 930 les y soumet ; toutefois, dans l'intérêt de la stabilité de la propriété et de l'amélioration des biens, le législateur a cru devoir modifier dans cette hypothèse l'application rigoureuse du principe *resoluto jure dantis resolvitur jus accipientis.*

L'action en réduction ne pourra être intentée contre les tiers acquéreurs qu'après discussion préalable des biens du donataire.

Cette discussion porte non-seulement sur ceux des biens donnés qui auraient pu demeurer entre les mains du donataire, mais sur tous ses biens personnels, meubles ou immeubles, à quelque titre qu'ils lui soient advenus.

La généralité des termes de l'article 930 repousse toute distinction à cet égard. L'héritier à réserve ne serait pas admis à invoquer la disposition de l'art. 2022 et à prétendre que cette discussion ne lui est imposée qu'autant qu'elle a été requise par le tiers acquéreur sur les premières poursuites dirigées contre lui ; il ne pourrait non plus, se fondant sur l'art. 2023, exiger que le tiers acquéreur lui indiquât les biens à discuter ni qu'il fournît les deniers nécessaires à la discussion. Ces deux art. 2022 et 2023 sont spéciaux à la caution ; le motif qui les a inspirés ne se trouve plus dans la question qui nous occupe ; il faut donc en rejeter l'application (1). Toutefois, si les biens du donataire étaient litigieux, le tiers acquéreur ne pourrait contraindre l'héritier réservataire à les discuter avant le jugement qui établirait le droit de propriété du donataire.

L'action que l'héritier à réserve est en droit d'intenter contre les tiers acquéreurs est une véritable revendication ; elle ne peut donc porter que sur des immeubles ; les meubles y échappent quand ils sont possédés de bonne foi ; par cela seul qu'il est de bonne foi et qu'il les a reçus du donataire, le tiers acquéreur des meubles donnés en devient propriétaire irrévocable à l'égard de l'héritier (art. 2279).

Quant au tiers acquéreur d'immeubles, quel que soit son titre de possession, qu'il y ait eu aliénation à titre gratuit ou à titre onéreux, peu importe ; l'article 930 ne

(1) *Sic* Toullier, v, n° 152; Duranton, viii, n° 374; Zachariæ, Aubry et Rau, v, § 685.—*Secus*, Grenier, ii, n° 631.

fait aucune distinction et le soumet dans tous les cas à l'action des héritiers réservataires.

S'il y a eu plusieurs donations successives et que les différents donataires aient aliéné les biens qui en faisaient l'objet, l'héritier réservataire, sans s'inquiéter de la date des aliénations, devra observer dans l'exercice de son action contre les tiers acquéreurs l'ordre qu'il aurait suivi contre les donataires eux-mêmes. Il s'adressera donc à l'acquéreur du donataire le plus récent, quand bien même la date de l'aliénation consentie à ce tiers acquéreur serait beaucoup plus ancienne que celle des aliénations faites par les autres donataires.

Si le donataire le plus récent avait aliéné au profit de plusieurs acquéreurs les biens qu'il avait reçus, l'héritier ne pourrait agir contre le donataire antérieur ou ses ayants cause, qu'après avoir épuisé son action contre les acquéreurs du donataire le plus récent.

Mais, entre les divers acquéreurs d'un même donataire, peut-il indifféremment s'adresser à celui qu'il lui plaît d'attaquer, ou bien est-il obligé de suivre un ordre déterminé? L'art. 930 est encore formel sur ce point. Le réservataire doit suivre l'ordre chronologique des aliénations, en commençant par la plus récente pour remonter successivement aux plus anciennes jusqu'à l'entier complément de la réserve. C'est d'ailleurs la conséquence nécessaire de cette règle, que les tiers acquéreurs ne peuvent être poursuivis qu'après discussion préalable du donataire. En effet, si le donataire aliénateur avait des biens suffisants au payement de la somme nécessaire pour la réserve, les tiers acquéreurs ne seraient pas inquiétés. Or, entre ces tiers acquéreurs, quels sont ceux dont l'acquisition a fait naître ou tout au moins augmenté l'impossibilité pour le donataire de fournir la réserve? Ce sont évidemment les derniers en date. Peu importe qu'il s'agisse de donations ou de ventes, l'article 930 ne fait pas de distinction; les aliénations faites par le donataire seront donc attaquées d'après l'ordre de leurs dates sans qu'il y ait à s'inquiéter si elles sont à titre onéreux ou à titre gratuit.

Il existe pour tout tiers acquéreur un moyen de se soustraire à l'action du réservataire et de conserver l'immeuble que celui-ci veut lui enlever : il n'a qu'à offrir d'en payer la valeur. En effet, par cela seul que l'immeuble donné a été aliéné, la loi ne permet plus l'exercice de l'action en réduction qu'après la discussion du donataire. S'il est solvable, les réservataires devront se contenter de son argent; les biens resteront aux mains des tiers acquéreurs. Comment le fait de l'insolvabilité du donataire pourrait-il conférer aux réservataires des droits plus étendus? L'argent de l'un vaut l'argent de l'autre; peu importe que la somme nécessaire à la réserve vienne du donataire ou des tiers acquéreurs, pourvu qu'elle soit fournie (1).

SECTION IV.

Comment s'éteint l'action en réduction.

L'action en réduction s'éteint par la renonciation du

---

(1) *Sic* Duranton, VIII, n° 373; Zachariæ, Aubry et Rau, § 685; Marcadé, art. 929 et 930, n° 1; Vernet, p. 500.

réservataire. Deux conditions sont nécessaires à la validité de cette renonciation: l'héritier réservataire doit être capable et maître de ses droits; de plus, la renonciation doit se placer seulement après la mort du disposant. Les art. 791 et 1130 sont formels à cet égard: « On ne peut, même par contrat de mariage, renoncer à « la succession d'un homme vivant, ni aliéner les droits « éventuels qu'on peut avoir à cette succession. » (Article 791). « On ne peut renoncer à une succession non ou- « verte ni faire aucune stipulation sur une pareille suc- « cession, même avec le consentement de celui de la « succession duquel il s'agit. » (Art. 1130).

La renonciation au droit de réserve et à l'action en réduction qui en est la conséquence peut être expresse ou tacite. Si elle avait été faite par le réservataire en fraude de ses créanciers, ceux-ci, en vertu des articles 788 et 1167, pourraient l'attaquer et la faire annuler jusqu'à concurrence de leurs droits.

On s'est demandé s'il y a déchéance de l'action en réduction lorsque l'héritier n'a pas fait inventaire. On peut soutenir en effet qu'en ne faisant pas inventaire l'héritier s'est mis, par sa faute, dans l'impossibilité de constater la valeur des biens existants au jour du décès. Je n'admettrai cependant pas cette opinion. En effet, à défaut d'inventaire, l'héritier peut établir encore la valeur de la succession; les juges se montreront sévères et n'admettront que des preuves bien certaines; l'héritier souffrira seul de sa négligence; mais, le priver complétement de l'action en réduction, ce serait une peine trop forte. Telle était déjà la solution donnée à cette question par Ricard et Pothier dans notre ancien droit.

Enfin, l'action en réduction s'éteint par la prescription.

A l'égard des donataires et des tiers-acquéreurs, la prescription ne commence à courir que du jour du décès; en effet, jusqu'à ce jour, l'héritier à réserve n'avait qu'une espérance. La prescription est un mode légal d'extinction des droits; elle ne peut donc agir là où le droit à éteindre n'existe pas encore.

Mais, au point de vue de la durée de l'action, il faut distinguer selon qu'elle est intentée contre le donataire lui-même ou bien contre un tiers acquéreur. A l'égard du premier, la prescription dure trente ans; elle pourrait, à l'égard du second, s'accomplir par dix ou vingt ans si la possession réunissait les caractères voulus par la loi dans l'art. 2265.

Au surplus, dans les deux hypothèses, la prescription se trouveraient suspendue pendant la minorité ou l'interdiction de l'héritier réservataire (art. 2252).

POSITIONS.

DROIT ROMAIN.

I. Sous Justinien, l'omission d'un héritier sien continue à faire tomber le testament tout entier; c'est à tort que l'on soutiendrait que l'institution d'héritier seule est vicieuse; la Novelle 115, ch. 3, ne s'applique pas à cette hypothèse.

II. Lorsque l'exhérédation d'un enfant déjà né n'est prononcée qu'à l'égard des substitués, le testament ne commence qu'à la substitution, mais il reste valable; au contraire, la naissance d'un posthume dans les mêmes conditions fait tomber le testament tout entier.

III. Avant la loi Junia Velléia, l'institution, comme héritier testamentaire, de celui qui n'acquérait la qualité d'héritier sien que postérieurement à la confection du testament, n'empêchait pas ce testament de tomber.

IV. La *querela inofficiosi testamenti* a sa source dans la coutume et le travail des jurisconsultes, et non dans une loi.

V. L'enfant adopté par une femme, avec l'autorisation de l'Empereur depuis la constitution de Dioclétien et de

Maximien, a droit à la *querela* contre le testament de sa mère adoptive.

VI. Dans la *querela inofficiosi testamenti,* il y a dévolution d'ordre à ordre, mais non de degré à degré.

VII. Le légitimaire justement exhérédé ou renonçant, compte, pour le calcul de la légitime du légitimaire injustement exhérédé; il n'y a pas contradiction entre la loi 8, § 8 et la loi 17, *De inofficioso testamento.*

DROIT FRANÇAIS.

I. La réserve de l'enfant adoptif porte aussi bien sur les donations antérieures à l'adoption que sur celles qui lui sont postérieures.

II. Malgré la généralité des termes de l'article 759, les descendants légitimes d'un enfant naturel ont seuls droit à une réserve sur les biens des ascendants de leur père ou de leur mère.

III. La réserve est une portion de la succession *ab intestat;* soit pour la réclamer, soit même pour la retenir, il faut être héritier, c'est-à-dire accepter la succession.

IV. Les père et mère naturels n'ont pas de réserve dans la succession de leur enfant naturel reconnu.

V. La quotité disponible entre époux est indiquée par

l'art. 1094-2° ; c'est une quotité fixe et invariable, quel que soit le nombre des enfants.

VI. L'aliénation à charge de rente viagère, à fonds perdu ou avec réserve d'usufruit, faite à l'un des successibles, n'est pas considérée comme aliénation à titre gratuit à l'égard de celui qui n'était pas successible au moment de la convention, lorsque tous les successibles existants à cette époque y ont donné leur adhésion.

VII. L'insolvabilité du donataire réductible doit être supportée à la fois par le réservataire et le précédent donataire. Pour cela, on ne comprendra pas le montant de cette donation dans la masse des biens donnés.

DROIT CRIMINEL.

I. L'action civile résultant d'un crime, d'un délit ou d'une contravention, se prescrit par le même laps de temps que l'action publique, alors même qu'elle est exercée séparément de cette action et devant les tribunaux civils.

II. Le complice de l'enlèvement d'une mineure peut être l'objet d'une poursuite criminelle, quoique le ravisseur soit à l'abri de cette poursuite par suite de son mariage avec la jeune fille enlevée.

DROIT DES GENS.

I. Malgré les dispositions particulières du Code Napoléon sur les actes de l'état civil des militaires français en expédition hors de France, le mariage d'un militaire et d'une étrangère ne peut être valablement contracté que devant les autorités locales.

II. L'étranger demandeur n'est pas soumis à la nécessité de fournir la caution *judicatum solvi*, lorsqu'il a pour adversaire un autre étranger.

HISTOIRE DU DROIT.

I. Il n'est pas vrai de dire que sous la première et la seconde race chacun fût libre de choisir la loi qu'il voulait suivre.

II. Le monument de notre ancien droit français connu sous le nom d'« Établissements de saint Louis, » n'est pas l'œuvre de ce prince.

Vu :
Le Président de la Thèse,
BUGNET.

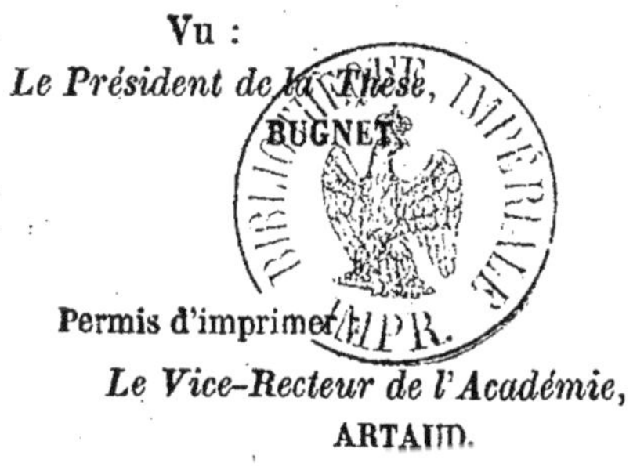

Vu :
Le Doyen de la Faculté,
C.-A. PELLAT.

Permis d'imprimer :
Le Vice-Recteur de l'Académie,
ARTAUD.

LOIS

BIBLIOTHEQUE NATIONALE DE FRANCE
3 7531 03658449 9

www.ingramcontent.com/pod-product-compliance
Ingram Content Group UK Ltd.
Pitfield, Milton Keynes, MK11 3LW, UK
UKHW020205250726
13967UKWH00003B/1285